モンゴル語慣用句用例集

鯉渕信一
D.ナランツェツェグ 著

東京 大学書林 発行

序　文

　いずれの外国語においても、慣用句はその言語の会話や文章の表現力を豊かにし、微妙なニュアンスを的確に表現するうえで欠かせない。しかし慣用句は比喩的であって、それらを構成している個々の単語の意味をつぎあわせても、何を意味しているのかが分からないことが多い。ましてや日本とは自然風土も暮らしのあり方も極端なほどに異なる遊牧を基盤にしてきたモンゴル社会の慣用句ではなおさらである。

　モンゴル語の慣用句には日本語のそれと同じような使い方も少なくないが、家畜や牧畜生活に根差した慣用句では見当さえもつかないものが少なくない。例えば、「НОХОЙН ДУУ ОЙРТОХ」（直意は「犬の声が近づく」）というのがある。「目的地が近づく、目標が間近、仕事の完成が近い」という意味だが、どうしてそういう慣用句になるのかは容易に理解できない。これは遊牧民の家には狼よけの番犬として必ず犬が飼われており、人が近づくと遠くからでも吠える。旅人は夜でも犬の声で人家に近付いたことを知り、ひと先ずその日の旅装を解く。そんなことから生まれた表現だということを知ると納得がいく。

　モンゴル語ではこうした慣用句が日常会話はもとより、新聞紙上や文学作品などにも実に頻繁に使われている。よく使われる以上は十分に理解しなければならないわけだが、残念ながら、これまで日本ではモンゴル語慣用句集の類は皆無であった。本用例集がモンゴル語の学習や研究に、そしてモンゴルの言語、文化、社会の理解に、ひいては日本・モンゴル両国民の交流促進のお役に立つならば幸いである。

　本用例集が完成を見るまでには多くの方々のご協力を得た。膨大な慣用句の収集は主にTs.シャルフー先生の尽力によった。困難な慣用句の解釈や精選にはCh.ルブサンジャブ博士、D.トムルトゴー博士、S.ドルゴル博士のご協力を得た。最初に作業を開始したのは、私が交

換教授としてモンゴル国立大学で教鞭をとっていた時（1986年）であった。D.ナランツェツェグ先生、S.ドルゴル先生と3人で作業を開始したわけだが、私たちの怠惰が故に実に長い歳月が流れてしまった。この間にTs.シャルフー先生、Ch.ルブサンジャブ先生が他界してしまった。怠惰を詫びるとともに、ご協力いただいた方々に衷心より感謝の意を表したい。

また本用例集の刊行にあたっては、小澤重男・東京外国語大学名誉教授ならびに大学書林社長・佐藤政人氏の暖かいご支援を得た。とりわけ佐藤社長のご協力がなければ本用例集は陽の目をみることはなかった。深甚の感謝をここに。

2012年7月吉日

鯉渕　信一

D.ナランツェツェグ

凡　例

1. 本用例集に収録したモンゴル語慣用句の配列は、モンゴル語（キリル文字）のアルファベット順序によった。
2. 本用例集を編むにあたっては、現在もよく使用されているモンゴル語慣用句を精選し、約1500項目を収録した。また各慣用句には会話体や短文の分かりやすい用例を挙げて日本語訳を付し、読者が慣用句の意味を正確に把握し、さらに自分で活用できるようにした。
3. 慣用句のモンゴル語見出しの中で、斜線で囲まれた単語はその直前にくる単語と置き替えられる場合があることを示す。

    例：ЧИ БИ ДЭЭ ТУЛАХ / ХҮРЭХ /

    　　　　　　　　争う、互いにののしり合う、いがみ合う

    МОРЬ НОХОЙ ШИГ / МЭТ /

    　　　　　　　　忠実な、従順な、忠実によく働く

4. 一部の慣用句は、必ずしも一定の語順で用いられず、前後が移動することが多々あるが、本書ではより一般的な表現を中心に記述した。

    例：ГАР ХООСОН　――　（ХООСОН ГАР）
    　　①手ぶら、贈り物がない、素手で　②貧乏、貧しい、何も持たない
    　　СУЛ ГАРТАЙ　――　（ГАР СУЛ）
    　　物惜しみしない、ケチでない、他人に物をあげたがる

5. 特にモンゴル人の伝統的な遊牧の暮らしや人生観、動物観などに根差したきわめてモンゴル的な慣用表現で、日本人にはなぜそうした意味になるのかが容易に理解しがたい慣用句については、【参考】としてその由来を付記してモンゴル文化のより深い理解に資するよう期し、また適宜直訳（直意）も付した。

参考文献

Г. Аким, *Монгол Өвөрмөц Хэлцийн Товч Тайлбар Толь*, Улаанбаатар 1982

Чой. Лувсанжав, *Орос Монгол Өвөрмөц Хэллэгийн Толь*, Улаанбаатар 1970

Я. Цэвэл, *Монгол Хэлний Товч Толь*, Улаанбаатар 1966

小澤重男、現代モンゴル語辞典、大学書林、昭和58年

D. トムルトゴー、現代蒙英日辞典、開明書院、1977年

内蒙古自治区社会科学院蒙古語言文字研究所、漢蒙詞典、内蒙古人民出版社、1983年

モンゴル語慣用句用例集

慣用句	日本語訳
A	
ААВЫН ЦЭЭЖ ГАРГАХ	大人ぶる、偉ぶる、子供っぽくない、大人の真似をする
ААВЫНХАА ӨВРӨӨС ГАРААГҮЙ	子供、青二才、大人にならない、くちばしが黄色い
ААГ ЗООГ ХИЙХ	行動が緩慢、ぐずぐずする、屁理屈を言ってなかなかやらない
ААР СААР	ほんの少し、ごく些細な、取るに足らないことをする
АД БОЛОХ	差別される、悪者扱いされる、邪魔者になる、悪者になる
АД ҮЗЭГДЭХ	АД БОЛОХを見よ
АД ҮЗЭХ	蔑む、軽蔑する、白眼視する、疎外する
АДИС ХҮРТЭХ	殴られる、ぶたれる、叩かれる

例文・日本語訳　　　　　　　　　　　　　　参考

16 ч хүрээгүй байж тамхи татаад л аавын цээж гаргасан хүү байна.
16歳にもならないのに、タバコを吸って大人ぶった子供だ。
　　　　　　　　　　　　　　　　　　　　直訳は「父の胸を出す」。

Дамба гуайн том хүү аавынхаа өврөөс гараагүй байж тамхи татах болжээ.
ダンバさんの長男は青二才のくせにタバコを吸うようになった。
　　　　　　　　　　　　　　　　　　　　直訳は「父の懐から出ない」。

Манай ээж эмнэлэг явах болохоороо ааг зоог хийгээд ер гарч өгдөггүй юм.
うちの母は病院に行こうとなると、あれこれ言って容易に出かけてくれない。

Аар саар юм яриад байвал энэ ажил мөд бүтэхгүй.
取るに足らぬことばかりを言っていたら、この仕事はすぐには終わらないよ。

Ажлаа сайн мэдэж байвал, амьтанд ад болохгүй.
仕事がしっかり出来ていれば、邪魔者扱いはされないよ。
　　　　　　　　　　　　　　　　　　　　直訳は「悪魔になる」。

Ямар ч хүн байсан ад үзнэ гэж байж боломгүй юм шүү.
どんな人であれ、疎外するということはあってはならないことだよ。
　　　　　　　　　　　　　　　　　　　　直訳は「悪魔を見る」。

Хүү аабаасаа адис хүртэж, ихэд гэмшив.
息子は父親に叩かれて、とても後悔した。
　　　　　　　　　　　　　　　　　　　　直訳は「祝福を受ける」。

АДСАГА ШИГ ААШТАЙ	気が荒い、荒々しい性格、乱暴な性格、強情
АЖИЛ УДАХ	余分な仕事を増やす、面倒を掛ける、手間を掛ける
АЖИЛ ЧӨДӨРЛӨХ	仕事を妨害する、仕事を遅らせる、仕事の足かせになる
АЖЛЫН ДӨР МЭДЭХ	仕事のやり方がわかる、方法を会得する、仕方を知る
АЗ ДАЙРАХ	好運に出会う、幸せになる、幸運に恵まれる
АЗ ХАЯХ	運がない、運を失くす、運が足りない、元気を失くす
АЙДГИЙГАА АВДАРТАА ХИЙХ	安心する、安堵する、ホッとする、気分が晴れる
АЙЛ ГЭР БОЛОХ	結婚する、妻を娶る、婚姻関係を結ぶ
АЙЛД НАМАР, ГЭРТЭЭ ХАВАР	人の家では大食いし、自分の家ではつつましくする人、貧しい、卑しい、ケチ

Адсага шиг ааштай хүний арга эвийг олох хэцүү. 気が荒い人との付き合いは難しい。	直訳は「痩せて死んだ牛馬の皮のような性格」。痩せて死んだ牛馬の皮は固くゴワゴワしていることから生じた表現。
Ийм юм хийгээд ажил удахын нэмэр биз дээ. こんなことをしていると面倒を掛けるだけだろう。	
Хүн хүлээлгээд хамаг ажил чөдөрлөж орхилоо. 人を待たせてすべての仕事を妨害してしまった。	直訳は「仕事に足かせをする」。
Тэр бага залуугаасаа ажил ажлын дөр мэддэг болжээ. 彼は若いときからいろいろな仕事のやり方を知っていた。	
Өнөөдөр намайг аз дайрлаа. 今日、私は幸運に恵まれた。	
Би тэр номыг авах гээд очсон чинь миний өмнөх хүн аваад дуусчихлаа. Би ч ёстой аз нь хаясан хүн юмаа. 私がその本を買いに行ったら、前の人が買ってなくなってしまった。まったく私は運がない人間だな。	直訳は「運を捨てる」。
Би өчигдөр шалгалт дуусч айдгийгаа авдартаа хийлээ. 私は昨日、試験が終わってホッとした。	直訳は「怖いものを箱に入れる」。
Дорж гуайн хүү ноднин жил айл гэр болсон гэнэ. ドルジさんの息子は去年、結婚したそうだ。	直訳は「家族になる」。
Гомбо гуай ч айлд намар, гэртээ хавар байдаг хүн дээ. ゴンボさんというのは人の家で大食いする卑しい人だ。	直訳は「人の家では秋、わが家では春」。秋は実りの季節で満腹、春は欠乏の季節で空腹を象徴することから生まれた表現。

АЙЛЫН ТОГОО ХАРАХ	他人を頼りにして暮らす、人の家の食事を当てにする、人の世話を受けて生きる
АЙЛЫН ХАЯА ДЭРЛЭХ	隣り合う、近所に住む、付近で暮らす
АЙЛЫН ЦАЙ ЧАНАХ	結婚する、嫁に行く、嫁ぐ
АЙРГИЙН ТАВ	上位5番以内の優秀な者、競馬で5着までに入賞した馬、5位までの入賞者
АЛАГ ҮЗЭХ	区別する、差別する、わけ隔てする
АЛБА ХААХ	公務を果たす、義務を果たす、奉公を終える
АЛГА ДАРАМ	小さな、少しだけの、ほんのわずか、ちっちゃな
АЛГА ТОСОХ	要求する、要請する、ねだる、あれこれ頼む、期待する
АЛГА УРВУУЛАХЫН ХООРОНД	瞬間的に、瞬く間に、ちょっとの間に、瞬時に

Ажил алба хийж айлын тогоо харалгүй амьдарч явсан нь дээр. 仕事をして他人に頼らず暮らしていくのがいい。	直訳は「人の家の鍋を見る」。
Аав чинь багадаа баян айлын хаяа дэрлэн мал сүргийг нь адуулдаг байжээ. お父さんは子供の頃、金持ちの家の近所に住んでその家畜の世話をしていた。	直訳は「人のゲルの裾を枕にする」。
Эм хүн хэзээ нэг цагт айлын цай чанах заяатай, сайн ханьтай болох нь чухал. 女はいつかは嫁に行く運命だから、良い人と巡り合うのが大切だ。	直訳は「家の茶を沸かす」。茶を沸かすのは家庭の主婦の大事な仕事。料理を作ると同意。
Бат хичээлдээ сайн, ангидаа бол айргийн тавд ордог сайн сурагч. バトは勉強がよくできる、クラスでは上位5番目に入る優秀な生徒だ。	直訳は「馬乳酒の5頭」。競馬大会で5着までの馬には馬乳酒を注いで健闘を称える習慣から生まれた表現。
Хүнийг хөрөнгө чинээнийх нь байдлаар алаг үзэж болохгүй шүү дээ. 人を財力の状態で差別してはいけないよ。	直訳は「斑模様を見る」。
Манай ах энэ жил цэргийн алба хааж дуусгана. 私の兄は今年、兵役を終える。	
Алга дарам газартай боллоо. ほんの少しだけの土地を手に入れた。	直訳は「手のひらほど」。
Ах дүү амраг садан нь бүгд л түүнээс алга тосно. 兄弟や親類縁者の皆が彼にあれこれねだっている。	直訳は「手のひらで迎える」。
Санасныг бодвол алга урвуулах хооронд шийдэгдчихлээ энэ асуудал. 思ったより早く、あっと言う間に解決してしまったよ、この問題は。	直訳は「手のひらを返す間に」。

АЛГА ЦАЙЛГАХ	贈り物をする、お返しをする、お礼をする
АЛГАН БООВ ИДҮҮЛЭХ	АЛГАНЫ АМТ ҮЗҮҮЛЭХを見よ
АЛГАН ДЭЭР БАЙГАА ЮМ ШИГ / МЭТ /	はっきり分かる、はっきり目に見える、明確に見える
АЛГАН ДЭЭРЭЭ БӨМБӨРҮҮЛЭХ	大事にする、甘やかす、可愛がる、大切にする
АЛГАНЫ АМТ ҮЗЭХ / ҮЗҮҮЛЭХ /	殴られる、叩かれる、ぶたれる、打たれる、殴る、叩く
АЛГАНЫ ХОНХОРХОЙ ХАЗАХ	出来ないことを企画する、夢想する、現実的でない夢を描く
АЛГЫН ЧИНЭЭ	手のひらの幅、ほんの僅か、小さい
АЛДАГ ОНОГ	ときどき、たまに、時おり、しばしば
АЛДУУЛ МАЛ ШИГ	消息がなくなる、うろうろする、流浪する、行方不明になる
АЛТАН АМТАЙ	АМ ГЭЖ АЛТを見よ
АЛТАН АРААТ БУЛГАН СҮҮЛТ	狼

— 8 —

Хүнээр юм хийлгээд яаж зүгээр байхав, алга цайлгахгүй бол болохгүй. 人に仕事をさせて何もせずにいるのはどうかな、お返しをしなければいけないよ。	直訳は「手のひらを白くする」。
	直訳は「手のひらの形をしたお菓子を食べさせる」。
Өндөр газраас харвал сумын төв алган дээр байгаа юм шиг харагдах ажээ. 高いところから見ると、村の中心がはっきり見える。	直訳は「手のひらの上にあるような」。
Ганц охиноо алган дээрээ бөмбөрүүлж өсгөжээ. 一人娘をとても大事にして育てた。	直訳は「手のひらの上で転がす」。
Буруу юм хийсэн хүн аав ээжийнхээ алганы амтыг үзнэ шүү дээ. 間違ったことをすればお父さん、お母さんにぶたれるよ。	直訳は「手のひらの味をみる」。
Ажил хийхгүйгээр баян болно гэдэг алганы хонхорхой хазахтай адил. 仕事をせずに金持ちになるというのは、出来ないことを夢想するようなものだ。	直訳は「手のひらの窪みを噛む」。
Ядуу тариачдад алгын чинээ газар ч байсангүй. 貧乏な農民には手のひらほどのわずかの土地もなかった。	直訳は「手のひらほど」。
Энэ дэлгүүрт сонин жимс алдаг оног гардаг. この店には珍しい果物がときどき出る。	
Тэр хэд хоног алдуул мал шиг яваад эргэж ирэв. 彼は何日か放浪して戻って来た。	直訳は「家出した家畜のよう」。
Алтан араат булган сүүлт ховордож байгаа сурагтай. 最近、狼が少なくなっているようだ。	直訳は「金の牙を持ち黒テンの尾を持つ」。

— 9 —

АЛТАН АЯГАНААС УС УУХ	幸せに暮らす、幸福になる、楽しく暮らす、いいことがある
АЛТАН ХОШУУ ӨРГӨХ	裏で悪口を言う、陰口を言う、ざん言する
АМ АВАХ	約束させる、言質を取る、誓わせる
АМ АЛДАХ	口をすべらす、口約束をする、口約する
АМ АНГАЙЖ СУУХ	何もせずに過ごす、怠ける、だらだらと過ごす
АМ БАРДАМ	(話すことに) 自信を持つ、確信ありげ、傲慢な話しぶり
АМ БАРДАМ, ГУЯА ШАЛДАН	自慢する、ホラを吹く、見栄を張る
АМ БӨГЛӨХ	АМ ТАГЛАХを見よ
АМ БУЗАРЛАХ	余分なことを聞く、無駄なことを頼む、不可能なことを依頼する

Амьд явбал алтан аяганаас ус ууна.
生きてさえいれば幸せになれる。

直訳は「金の杯で水を飲む」。

Хэн нэгэн нь даргад алтан хошуу өргөсөн бололтой.
誰かが上司に裏で陰口を言ったようだ。

直訳は「金の口を差し上げる」。

Багш Доржоос дахиж хичээл таслахгүй гэдэг амыг нь авлаа.
先生はドルジに再び授業をさぼらないと約束させた。

直訳は「口を取る」。

Сургуулиа онц төгсвөл компьютер авч өгнө гээд охиндоо ам алдчихсан.
学校を優秀な成績で卒業すればコンピューターを買ってあげると、娘に口をすべらせてしまった。

直訳は「口を失う」。

Хэдэн сар ам ангайж суулаа, маргаашнаас ажил хайсан нь дээр байхаа.
何ヶ月も何もせずにだらだら過ごしたが、明日からは仕事を探したほうがいいだろう。

直訳は「口を開けて過ごす」。

Ирэх жил их сургуульд орж чадна гэж тэр ам бардам хэлж байна.
彼は来年、大学に入学できると自信たっぷりに話す。

Юу ч хийлгүй ам бардам гуя шалдан гэгчээр том том юм яриад явж болохгүй.
何もせずにホラを吹いて大きなことばかり話していてはダメだ。

Цэвэлээс нэг зуун төгрөг зээлүүлээч гэсэн чинь өгсөнгүй. Түүнд мөнгө байхгүй дээ, дэмий л амаа бузарлачихлаа.
ツェベルに1万トグリグ貸してくれと頼んだが、貸してくれなかった。彼は金を持っていないんだ、くだらない無駄なことを頼んでしまったよ。

直訳は「口を汚す」。

— 11 —

АМ БУЛААЛДАХ	先に話そうとする、先を争って話す、人の話を聞かずに話す
АМ ГАРАХ	①目上の者に反抗して言う、目上の者に異を唱える、余計な口出しをする ②相手を軽蔑して言う、見下して言う、ごう慢な態度で話す
АМ ГЭЖ АЛТ	ほめ言葉ばかり言う、口先ばかり、甘言ばかり
АМ ЗАДГАЙ	おしゃべり、秘密が守れない、口が軽い、多弁な
АМ МӨЛТӨС	寸前に、辛うじて、やっとのことで、ちょうどその時に、ギリギリに
АМ МУРУЙХ	ちょっとしたケンカをする、仲たがいする、いがみ合う
АМ МУУ	評判が悪い、人から悪く言われる、悪口を言われる
АМ МУУДАХ	評判が悪くなる、不評を買う、悪声が広がる
АМ НЭЭХ	話す、言う、しゃべる、口を開く

Тэр хоёр ойрд уулзаагүй болоод ам булаалдан ярьж байлаа. あの2人は久々に会ったので、互いに先を争って話していた。	直訳は「口を奪い合う」。
①Эзэндээ ам гарч болохгүй гэж бодоод юу ч хэлсэнгүй. ご主人様に異を唱えてはいけないと思って何も言わなかった。 ②Чадахгүй байж ам гарч болохгүй. 出来ないくせに、見下して言ってはいけない。	直訳は「口が出る」。
Тэр хүнд чадахгүй мэдэхгүй юм байхгүй мэт, ам гэж алт. 彼はできないことも知らないこともないかのように、口先ばかりで言っているよ。	直訳は「口は金」。
Тэр ам задгай хүн биш гэхдээ хамаагүй юм ярих хэрэггүй биз дээ. 彼女はおしゃべりではないが、余計なことを話さないほうがいい。	直訳は「口が開いている」。
Автобусанд ам мөлтөс сууж амжлаа. バスに辛うじて間に合って乗れた。	
Бид хоёр багын найзууд, өдий хүртэл ам мурийж үзээгүй. 幼なじみの私たち2人は、これまで些細なケンカもしたことがない。	直訳は「口が曲がる」。
Тэр хүнд олны ам муу байх юм. 彼はどうも評判が悪いようだ。	直訳は「口が悪い」。
Авгай хүүхдээсээ салснаас хойш түүнд олны ам муудсан гэнэ. 妻子と別れてから、彼は評判が悪くなったそうだ。	直訳は「口が悪くなる」。
Хэнд ч хэлж чадахгүй дотроо шаналж явсан тэр хамгийн дотно найздаа ам нээж, санаа нь амарлаа. 誰にも言えずに心の中で悩んでいた彼は、一番親しい友人に話せてホッとした。	直訳は「口を開ける」。

— 13 —

АМ ӨГӨХ	約束する、誓う、誓約する
АМ САЙТАЙ	褒める、称える、いいことを言う、評判が良い
АМ СУЛТАЙ	口が軽い、聞いたことをすぐ話す、おしゃべり
АМ ТАГЛАХ	①黙らせる、返答できなくする、口実を与えない ②誤魔化す、騙す、言い訳をする、弁解する
АМ ТОСДОХ	食べる、食事をする、生活する、暮らしの糧を得る
АМ ТҮРГЭН	短気な、怒りっぽい、気が短い
АМ УДААН	口下手、話がまどろっこしい、口数が少ない
АМ ХААХ	誤魔化す、したように見せる、騙す、言い訳する

Тэр дахиад ажлаа таслахгүй гэж ам өгөв.
彼は、もう二度と仕事をさぼらないと約束した。

直訳は「口を与える」。

Шинэ багшийн талаар хүмүүс ам сайтай байна.
新しい教師についての人々の評判はいい。

直訳は「口が良い」。

Амар гуайд олон юм битгий яриарай, тэр чинь их ам султай хүн шүү.
アマルさんには多くのことを話すな、彼女は口が軽い人だよ。

①Хурал дээр байн байн шүүмжлээд болохгүй болохоор нь цалинг нь нэмж байж амыг нь тагласан шүү.
いつも会議で文句ばかり言ってどうしようもないので、給料を上げて黙らせたよ。

直訳は「口を蓋する」。

②Ам таглах гэж биш үнэн сэтгэлээсээ хичээж хийсэн гэдгийг чинь ах нь мэдсэн.
誤魔化そうというのではなく、本心から頑張っていることを兄は理解した。

Тэр нойр хоолоо хасч зүтгэсний хүчинд ам тосдох малтай болсон.
彼は寝食を削って頑張った結果、暮らしの糧となる家畜を得た。

直訳は「口に油を塗る」。

Миний найз Гомбо жаахан ам түргэн ч хүн сайтай хүн.
私の親友のゴンボは怒りっぽいが人間はいい奴だ。

直訳は「口が早い」。

Довчин гуай ам удаан хүн, гэвч за гэвэл ёсгүй.
ドブチンさんは口数が少ない方だが、約束したらちゃんと守る人だよ。

直訳は「口が遅い」。

Зүгээр нэг ам хаах гэж биш өөрийнхөө төлөө сэтгэл гарган хичээж явбал өөрт чинь тустай шүү.
誤魔化してやるのではなく、自分のために心を砕いて頑張ればお前自身の為になるよ。

直訳は「口を閉じる」。

АМ ХАГАЛАХ	口を開く、話し出す、言い出す
АМ ХАГАРАХ	難渋した、苦しんだ、困った、いぶかったことなどを話す
АМ ХАЗАЙХ	喧嘩をする、口論する、争う、言い争いをする
АМ ХАЗГАЙ	評判が悪い、悪評、悪いうわさ
АМ ХАЛАХ	①酒に酔う、酔っぱらう、ほろ酔いする ②喜びが大きくなる、気分が良くなる、盛り上がる
АМ ХАМАР ЛУУ ОРЧИХ ШАХАХ	強い関心を持ってうるさく聞いたり、話したりする、うるさくしゃべる
АМ ХАМРАА ДОЛООХ	欲深くなる、どん欲になる、欲をかく、欲が我慢できない
АМ ХАМХИЛГҮЙ	べらべらしゃべる、話が止まらない、黙っていない、おしゃべり

Нэгэнт ам хагалснаас хойш санасан бодсоноо бүгдийг нь ярихаар шийдлээ.
すでに言い出したので、考えたことを全部話すことにした。

直訳は「人の口を見る」。

Ам хагарч хэлж чадахгүй өдий хүрсэн юмаа хэлж нэг санаа амарлаа.
苦しんで口にすることができずにいたことを話して、気持ちが安らいだ。

直訳は「口が壊れる」。

Тэрбиш хүнтэй хэр баргийн ам хазайдаггүй хүн өнөөдөр яасан юм бол их уурлаж дээ.
テルビシは他人と荒々しく口論しない人だが、今日はどうしたのか大変怒っていたよ。

直訳は「口が曲がる」。

Түүнийг сайн хүн л гэж сонссоноос олны ам хазгай байдаг гэж сонсоогүй юм байна.
彼はいい人だとは聞いたけど、みんなの評判が悪いとは聞いたことがない。

直訳は「口が歪んだ」。

①Дондог гуай нэг хоёр хундага юманд бол ам халахгүй хүн.
ドンドグさんは1、2杯酒を飲んでも酔わない人だ。
②Ам халаад хэрэгтэй хэрэггүй юм баахан бурчихдаг байна шүү дээ.
話が盛り上がって余計なことしゃべってしまったよ。

直訳は「口が熱くなる」。

Хүний ам хамар луу орчих шахдаг хүн хэцүү.
自分の話に夢中でしつこい人は大変だ。

Тэр сайхан эмээлийг хараад Дорж гуай ам хамраа долоох шахлаа.
その立派な鞍を見て、ドルジさんは欲が我慢できなくなった。

直訳は「口と鼻をなめる」。

Бурмаа ам хамхилгүй ярьж, найзыгаа сүүтэй цайгаар шахна.
ボルマーはべらべらしゃべって、友達に乳茶を無理矢理すすめる。

直訳は「口を閉じない」。

— 17 —

АМ ХАРАХ	人の意見を待つ、人の言葉に従う、人の様子をうかがう、自分がない
АМ ХАТАХ	喉がかわく、喉に渇きを覚える、喉がカラカラになる
АМ ХАТУУ	①言葉が辛辣、言葉が厳しい、言葉がきつい ②（馬について）乗りこなすのが難しい、御すのが困難
АМ ХУУРАЙГҮЙ	おしゃべり、絶えず話す、多弁、饒舌
АМ ХЭЛ НЬ ГҮЙЦЭГДЭХГҮЙ	話し上手、口達者、能弁な
АМ ХЭЛ СУГАЛАХ	むやみに質問する、やたら口出しする、差し出口をする
АМ ХЭЛ ЧАНГААХ	執拗に聞く、しつこく聞く、問いただす
АМ ХЭЛТЭЙ	ХЭЛ АМТАЙ を見よ
АМ ХЭЛЭЭ БИЛҮҮДЭХ	悪評を振りまく、悪口を言いふらす、不平を言う

Хүний ам хараад хэрэггүй, өөрөө л хийсэн нь дээр. 他人に頼らず、自分でやったほうが良い。	直訳は「人の口を見る」。
Өглөөнөөс хойш цай унд уугаагүй учир ам хатчихлаа. 朝から茶や飲み物を飲んでないので喉が乾いてしまった。	直訳は「口が乾く」。
①Ам хатуу ч сэтгэл зөөлөн хүн гэж Бадам гуайг хэлнэ. 言葉は辛辣だが心は優しいというのはバダムさんのことをいう。 ②Манай энэ морь ам хатуу шүү болгоомжтой унаарай. 私のこの馬は御すのが難しいよ、気を付けて乗りなさい。	直訳は「口が硬い」。
Тэд нар өглөөнөөс аваад орой хүртэл ам хуурайгүй ярьж байна. 彼らは朝から晩まで、ずっとおしゃべりをしている。	直訳は「口が乾かない」。
Тэр чинь ам хэл нь гүйцэгдэхгүй сүрхий цовоо охин байна. 彼女は話し上手な実に聡明な娘だ。	直訳は「口と舌が追いつかない」。
Хүний ам хэл сугалчих гээд олон юм асуух хэрэггүй. やたらに口出しをして、しつこく質問するのは避けたほうがよい。	直訳は「口と舌を引っ張り出す」。
Түүний ам хэлийг чангааж байж арай гэж, маргаашийн асуудлыг сонслоо. 彼にしつこく話しかけて、やっと明日のことを聞くことができた。	直訳は「口と舌を引っ張る」。
Ам хэлээ билүүдээд зүгээр суух юм бол юу ч бүтэхгүй. 不平を振りまいて、何もしないでいると何もできない。	直訳は「口と舌を研ぐ」。

АМ ХЭЛЭЭ ОЛОХ	理解し合う、仲直りする、和解する
АМ ЧАНГАТАЙ	口が堅い、口数が少ない、秘密を守る
АМ ШҮДЭЭ ӨГӨХ	約束する、誓う、宣誓する
АМАА БАРИХ	後悔する、反省する、悔いる、がっかりする
АМАА БУЦААХ	前言を翻す、約束を破る、約束を守らない
АМАА ОЛОХГҮЙ	①話す適当な言葉が見つからない、的確に言えない ②欲張って食べる、むさぼり食べる、がつがつ食べる
АМАА ТАГЛУУЛАХ	話の腰を折る、話すのを途中で切る、返答できなくする
АМАА ТАТАХ	黙る、口を閉ざす、黙する
АМАА УРАХ	おしゃべり、多弁、しゃべり過ぎ

Ах дүү хоёр ам мурийчихсан байсан боловч ам хэлээ олсон гэнэ. 兄弟げんかをしていたが、彼らは仲直りしたそうだ。	直訳は「口と舌を見つける」。
Дорж ам чангатай хүн, тийм чухал яриаг тэгж амархан дэлгэх хүн биш. ドルジさんは口が堅い人だ、大事な話をそんなに簡単に口外にする人ではない。	直訳は「口が強い」。
Бат гуай найздаа удахгүй буцаад ирнэ гэж ам шүдээ өгөөд харилаа. バトさんは友人に、もうすぐ戻ってくると約束して帰った。	直訳は「口と歯を与える」。
Би тэр үед бүсгүйтэй уулзаж чадаагүйдээ амаа барьдаг юм. 私はあの時、彼女と会えなかったことを後悔している。	直訳は「口を掴む」。
Би амаа буцаахгүй хэлсэн үгэндээ хүрэх гэж зүтгэлээ. 私は前言を翻さず約束を守ろうと頑張った。	直訳は「口を戻す」。
①Хорлоо түүнийг амаа олохгүй магтаад л байна билээ. ホルローは適当な言葉を見出せず、彼をただ褒めていた。 ②Баатар ажлаасаа ирээд миний хийсэн хоолноос амаа олохгүй идэж байсан. バータルは仕事から戻って、私の作った料理をむさぼり食べていた。	直訳は「口を見つけない」。
Буруу юм хийсэн хүн амархан юм, нэг үг хэлээд л амаа таглуулчихлаа. 間違ったことをした人は簡単だよ、一言で反論できなくしてしまった。	直訳は「口を塞ぐ」。
Одоо амаа татсан нь дээр байхаа. 今は黙った方が得策だろう。	直訳は「口を引く」。
Чи битгий амаа урчих гээд бай. お前はべらべらしゃべらないでいろ。	直訳は「口を引き裂く」。

АМАА ҮДҮҮЛЭХ	無口になる、黙っている、寡黙になる、沈黙する
АМАА ҮДЭХ	話さない、黙っている、口を閉ざす、無口になる
АМАА ХАМХИХ	黙る、口をきかない、黙っている
АМАА ЦУУЛАХ	口数が多い、おしゃべり、くだらないことを話す
АМААРАА ШОРОО ҮМХЭХ	苦しむ、困難に陥る、疲労困憊する
АМАНД БАГТАХГҮЙ ҮНЭ	きわめて高価、値が高すぎる、法外な値段
АМАН ДАХИА ХУВААЖ ИДЭХ	大変仲がいい、親しい間柄、竹馬の友
АМАНД ОРСНОО ЧАЛЧИХ	思慮もなしに話す、考えもせずに話す、口が軽い
АМАНД ОРЧИХ ШАХАХ	①強い関心を持つ、大変興味を抱く、注意を向ける ②親しくする、大変馴れ馴れしくする、ひいきにする

Хүнтэй уулзаад ярих гэсэн чинь сандраад амаа үдүүлчихсэн юм шиг болчих юм. 人と会って話そうと思っても、焦って無口になってしまう。	直訳は「口に紐をする」。
Энэ хүн яасан юм бол өглөөнөөс хойш амаа үдчихсэн юм шиг. この人はどうしたのかな、朝から一言も話さなかったよ。	直訳は「口を紐で縛る」。
Хэрэггүй юман дээр амаа хамхиж суусан нь дээр. 必要ないことでは、黙っている方がいい。	直訳は「口を閉じる」。
Би амаа цуулах шахталаа ярилаа. 私はしゃべりすぎたよ。	
Энэ хэдэн мал минь байхгүй бол манайх гэдэг айл амаараа шороо үмхнэ шүү. この何頭かの家畜がいなければ、うちは大変困難に陥るよ。	直訳は「口で土をかむ」。
Дамын наймаачид аманд багтахгүй үнэ хэлцгээх юм. 相場師たちは法外な値段を言う。	直訳は「口に収まらない値段」。
Тэр бид хоёр чинь аман дахиа хуваан идэж өссөн юм. 彼と私の二人は、ずっと仲良く育ってきたのだ。	
Тэр чинь амандаа орсноо чалчдаг хүн шүү. 彼は何も考えもせずに話す人だよ。	
①Миний яриа тэр хүүд сайхан санагдсан юм болов уу даа, аманд орчих шахлаа. 私の話はあの子に楽しく感じさせたようだ、大変興味を持ったよ。 ②Ойрдоо нэг л янзгүй байсан хүн чинь юу болсон юм бол аманд орчих шахаад л байна. 最近様子がおかしくなった人だがどうしたのかな、とても馴れ馴れしくしているよ。	直訳は「口の中に入りそうになる」。

— 23 —

АМАНД Ч ҮГҮЙ, ХАМАРТ Ч ҮГҮЙ	足りない、少ない、物足りない、不足
АМАНДАА УС БАЛГАСАН ЮМ ШИГ	何も話さない、声を出さない、口をつぐむ、無口
АМАНДАА ХҮРЭХ	言ったことを実現する、言説を実行する、約束を守る
АМАР ЖИМЭР	НАМ ЖИМを見よ
АМАР ЗАЯА ҮЗҮҮЛЭХГҮЙ	苦しめる、苦労をさせる、迷惑をかける、面倒をかける
АМГҮЙ ЮМ ШИГ	話さない、声をださない、黙っている、寡黙な
АМИА АРГАЦААХ	АМИА БОРЛУУЛАХを見よ
АМИА БОРЛУУЛАХ	自力でできる、自分のことだけする、独りよがり
АМИА ТЭЭХ	自分のことは自分でする、自立する、他に頼らず自分の力でする
АМИНД ОРОХ	①命を助ける、救う、救命する ②役に立つ、助けになる、為になる
АМНЫ НЬ САЛИА АРИЛААГҮЙ	子供、若い、青二才、未成年、成熟していない

Хийсэн хоол маань аманд ч үгүй, хамарт ч үгүй юм болох вий гэж санаа зовоод, зөндөө хоол хийчихлээ.
私が作った料理は足りないではないかと心配して、たくさん作ってしまったよ。

直訳は「口にも、鼻にも足りない」。

Амандаа ус балгасан шиг байлгүй юм яриач.
黙っていないで、何か話しなさいよ。

直訳は「口の中に水を飲み込んだよう」。

Би хэлсэн амандаа хүрч санаа амарлаа.
私は言ったことが実現できて気が休まった。

Тэр янз бүрийн юм ярьж ирээд амар заяа үзүүлэхгүй юм.
彼はいろいろなことを言って来て、大変面倒をかけるよ。

Баатар гуай ёстой амгүй юм шиг хүн.
バータルさんはまったく寡黙な人だ。

直訳は「口がないような」。

Чулуун аль ч шалгалтанд амиа борлуулчих оюутан байгаа юм.
チョローンはどんな試験も自力で乗り越えられる学生だ。

Тэр ч тооны ухааны хичээлд амиа тээчихлээ.
彼は数学の授業を自習で学んだ。

①Тэр эмч ачит ээжийн минь аминд орсон хүн.
その医者は愛する母の命を助けた恩人だ。
②Чи надад үүнийг зааж өгч аминд орлоо.
あなたにはこれを教えてもらって助かったよ。

直訳は「命に入る」。

Зарим хүүхэд амны нь салиа арилаагүй байж тамхи татах юм.
ある子供たちは、未成年のくせにタバコを吸っているよ。

АМНЫ УНШЛАГА БОЛОХ	一つのことを話し続ける、言い続ける、口癖のように言う
АМНЫ УС	飲み水、飲料水、飲む水
АМНЫ ХИШИГ	幸運、好運、平安、幸福、運がいい
АМТ АВАХ	何か良いことを知る、好きになる、興味がわく
АМТАЙ НЬ ГЭСЭН ШИГ	人より先に多くを話す、先走って話す、おしゃべり
АМТАНД ОРОХ	好きになる、熱中する、（何かの）虫になる
АМЫГ НЬ ХАГАЛАХ	馬にクツワを付ける、馬にクツワを付けて馴らす
АМЬ АВАХ	命を奪う、殺す、息の根をとめる、命を絶つ
АМЬ БӨХТЭЙ	健在な、丈夫な、元気な、力強い、堅牢な
АМЬ ГАРАХ	生き残る、命が助かる、命を守る

Чулуун дипломтой болно гэж амны уншлага болсон.
チョローンは学位を取るんだと、そのことだけを話している。

Говь газар амны ус ховор.　　　　　　　　　　直訳は「口の水」。
ゴビ地方には飲み水が少ない。

Дулмаа эгч амны хишигтэй хүн болохоор сайхан амьдарч байна.
ドルマー姉さんは運がいい人だから幸せに暮らしている。

Бат ч энэ ажлын амтыг авчээ.　　　　　　　　直訳は「味を取る」。
バトもこの仕事が好きになったよ。

Би л амтай нь гэсэн шиг хүний ч яриа сонсохгүй юм.
私というのは先走ってベラベラ話して人の話を聞かない。

Тэнгис бага сургуульд байхаасаа номын амтанд орсон юм.
テンギスは小学校の頃から本が大好きになった。

Дорж хэдхэн хоногийн өмнө амыг нь хагалаад　直訳は「口を割る」。
тавьсан морио барьж унаад наадамд явлаа.
ドルジは何日か前、クツワを付けて調教した馬に乗ってナーダム（競馬大会）に行った。

Айхавтар өвчин ахын минь амийг нь аваад　　直訳は「命を取る」。
явчихлаа.
恐ろしい病気が兄の命を奪ってしまった。

Бурхан шүтэх үзэл одоо хүртэл амь бөхтэй　　直訳は「命が強い」。
байна.
仏への信仰は現在まで健在である。

Дамба тэр их түймрийн гал дундаас арайхийж амь гарчээ.
ダンバは、あの大火事の火中から辛うじて命が助かった。

АМЬ ДҮЙХ	命がけでする、死を賭してする、一生懸命する
АМЬ НААНА, ТАМ ЦААНА	急ぐ、慌てる、大慌てする
АМЬ НЭГТЭЙ	大変仲がいい、親友、仲睦まじい、仲良し
АМЬ ТАВИХ	①死ぬ、命を失う、息が絶える ②大事にする、愛する、可愛がる ③一生懸命する、努力する、心配りをする
АМЬ ТАСРАХ	死ぬ、亡くなる、命が絶える
АМЬ ТЭЭХ	АМИА ТЭЭХを見よ
АМЬ УЛЖИХ	苦労する、やっとのことで暮らす、貧乏になる
АМЬ ХААЦАЙЛАХ	気を付ける、注意する、身を守る、用心する
АМЬДААР НЬ АЛАХ	ひどい目にあわせる、むごいことをする、残虐なことをする

Эцэг чинь дайн байлдааны дундуур амь дүйн байлдаж явсан хүн.
彼の父親は戦争の最中、命がけで戦った人だ。

Ойрдоо ийм ч ажил, тийм ч явдал гээд бид нар ч хэн хэнгүй л амь наана там цаана байна шүү.　　直訳は「命はこっち、地獄はあっち」。
最近、あんな事こんな事といって、私たちは誰もが大慌てしているよ。

Нэг ангид хамт сурч байсан амь нэгтэй анд нартайгаа уулзах сайхан шүү.　　直訳は「命が一つ」。
同じクラスで一緒に勉強していた親しい仲間たちと会うのが楽しみだ。

①Газар хол гадаа хүйтэн амь тавих шахлаа.　　直訳は「命を置く」。
目的地は遠いし、外は寒くて死にそうだった。
②Ганц хүүдээ аав ээж хоёр нь амь тавина.
一人息子を両親は大変大事にした。
③Амиа тавин байж өсгөсөн малдаа хайртай байлгүй яахав.
一生懸命に努力して育てた家畜が大切でないなんてことはないだろう。

Тэр амь тасрахаасаа өмнө юу бодож байсан бол?　　直訳は「命が切れる」。
彼は亡くなる前、何を考えていたのだろうか?

Одоо хотод хог түүж амь улжиж яваа хүн бий шүү дээ.
最近、街にはゴミを拾ってやっとのことで生活をしている人もいるよ。

Аргаа барж амиа хаацайлж байна даа энэ хүн.
どうしようもなくなって自分を守ろうとしているんだよ、この人は。

Тэр хүүхэн хүнийг ёстой амьдаар нь алах юмаа.　　直訳は「生きたまま殺す」。
あの女は本当に人をひどい目にあわせるもんだ。

— 29 —

АМЬДААС ЦААШГҮЙ	生きているのがやっと、元気がない、役に立たない
АМЬДРАЛАА ХОЛБОХ	結婚する、夫婦になる、一緒に暮らす
АМЬСГАА АВАХУУЛАХГҮЙ	忙しい、休むヒマもない、多忙、大忙し
АМЬСГАА ДАРАХ	息をひそめる、呼吸を整える、息を静かにする
АМЬСГАА УУЖРАХ	安堵する、安心する、ホッとする
АМЬСГАА ХУРААХ	死ぬ、亡くなる、寿命が尽きる、息を引き取る
АМЬСГАЛЫН ТОО ГҮЙЦЭХ	高齢で死ぬ、寿命が尽きる、亡くなる
АМЬТНЫ АДАГ	駄目な奴、最低な奴、もっとも悪い
АНА МАНА	まったく同じ、互角、対等、同等の
АРААНДАА ЗУУХ	恨む、敵意を抱く、怒り恨む、妬む

Ээ чааваас миний байж байгааг амьдаас цаашгүй л амьтан байж байна гэж хөгшин үглэнэ.
ああ可哀そうに、私は生きてるだけの人間だと老人は言う。

Тэр хоёр амьдралаа холбохоор шийдсэнээ аав ээждээ дуулгахаар иржээ.　　直訳は「人生を結ぶ」。
あの二人は結婚を決めたことを両親に報告に来た。

Манай компани ойрдоо амьсгаа авахуулахгүй ажил ихтэй байна.
うちの会社は最近休む日もなく、仕事が忙しい。

Үзэгчид тэр дуурийг амьсгаа даран сонсоцгоов.　　直訳は「息を抑える」。
観客は、その歌劇を息をひそめて聞き入った。

Амьд мэнд яваа сургийг чинь сонсоод амьсгаа уужирлаа.　　直訳は「息が広くなる」。
お前が元気に生きているということを聞いてほっとした。

Бат аавыгаа амьсгаа хураахаас өмнө амжиж очсон гэнэ.
バトは父親が息を引き取る前に行って間に合った。

Өвгөн би өндөр насалж амьсгалын тоо гүйцэж байх шиг байна.　　直訳は「呼吸の数が尽きる」。人は生涯でする呼吸の数が定まっているという考え方からの表現。
高齢の私は長く生きて、もう寿命が尽きそうだよ。

Тийм юм хийж, амьтны адаг болох хэрэггүй.
そんなことをして最低の人間にならないほうがいい。

Тэр хоёр залуу ана мана барилдсаар байлаа.
あの若者二人は互角に闘っている。

Манай үйлдвэрийн хуучин дарга өөрийгөө шударгаар шүүмжилсэн хүнийг араандаа зуудаг хүн байсан юм.　　直訳は「奥歯を噛む」。
私たちの以前の工場長は、正直に自分のことを批判した人を恨む人間だった。

АРААНЫ ШҮЛС АСГАХ	（食べ物について）よだれが出る、欲しくなる、欲しがる
АРААР НЬ СУУХ	ずるをして後ろに回る、怠ける、仕事から逃げる、尻込みする
АРААР НЬ ТАВИХ	①陰で悪さをする、人のいないところで悪事を働く ②裏切る、だます、寝返る、背く
АРААРАА ТАВИУЛАХ	負ける、敗北する、やられる、超えられる
АРАЙ ЧАМАЙ	やっと、辛うじて、何とか
АРАЙ ЧАРАЙ	АРАЙ ЧАМАЙを見よ
АРВАН САРАА ГҮЙЦЭЭСЭН	丈夫、頑健、健康、しっかりした身体
АРВАН ХУРУУ ТЭГШ	欠点のない、申し分のない、不足のない、何でもできる
АРВАН ХУРУУ ШИГЭЭ МЭДЭХ	詳しい、よく分かる、はっきり知っている、子細に分かる
АРГА СААМ ХИЙХ	誤魔化す、言い訳をする、いいかげんにする、偽る
АРД НЬ ГАРАХ	АРДАА ХИЙХを見よ

Арааны шүлс асгамаар гоё жимс байна.
よだれが出るような美味しそうな果物だ。

Дамдин намрын хадлангийн араар сууж үлдчихээд архи ууж явна.
ダムデインは秋の草刈り作業を怠けて酒を飲んでいる。

直訳は「後ろに座る」。

①Нүүрэн дээр нь сайн хүн болж байгаад араар нь тавина гэдэг муухай хэрэг.
表面ではいい人ぶって、陰で悪さをするというというのは最低なことだ。

直訳は「後ろに置く」。

②Миний хань намайг араар нь тавьсан гэхэд итгэмгүй.
私の連れ合いが、私を裏切ったはと信じられない。

Олон түмэн араараа тавиулна гэж үгүй биз дээ.
大衆が敗北するということはないだろう。

Би энэ номоо арай чамай уншиж дууслаа.
私はこの本をやっと読み終えた。

Ах чинь чамайг бодвол арван сараа гүйцээсэн аавын хүү шүү.
兄は、お前と較べると頑健な男だ。

Дулмаа царай зүс сайхан, арван хуруу тэгш бүсгүй шүү.
ドルマーは容姿もきれいだし、申し分のない女性だ。

直訳は「十本の指が均等」。

Манай дарга ажлаа арван хуруу шигээ мэднэ.
私たちの上司は仕事のことをよく知っているよ。

直訳は「十本の指のように知っている」。

Арга саам хийгээд ажлаа хийхгүй суугаад байх хэрэггүй.
誤魔化して仕事をせずに座り込んでいるようなことはするな。

АРДАА ХИЙХ	（困難な仕事を）やっと終える、辛うじて終える、何とか乗り越える
АРИЛСАН ДОТОРТОЙ	不注意な、思慮のない、無遠慮な、図々しい
АРЫН ХААЛГА	知人、縁者の伝手で何かを行う、裏口でする、コネ、縁故を使う
АРЬС МАХТАЙ НЬ ХАТААХ	大変苦しめる、悲しませる、苦悩させる、後悔させる
АРЬС ЯС БОЛОХ	大変痩せる、痩せ衰える、痩せ細る、骨と皮ばかりになる
АРЬСЫГ НЬ ХУУЛАХ	激しく殴る、厳しく叱る、厳しく罰する、死ぬほど殴る
АТГАНД ОРОХ	支配下に入る、統御される、尻に敷かれる
АХ ЗАХГҮЙ	不作法、年長者を尊重しない、上下秩序がない、長幼の序がない
АХАР ЖОЛООТОЙ	БОГИНО ЖОЛООТОЙ を見よ
АЦ ХАГАЛАХ	細かく分ける、詳細に理解する、解決する、まとめる

Бид нар энэ хаврын шалгалтыг ардаа хийлээ дээ. 私たちはこの春の試験を辛うじて乗り越えたよ。	直訳は「後ろに出る」。
Тэр чинь яасан арилсан дотортой хүн бэ, хүний юмыг буцааж өгдөггүй. 彼は何と図々しい人なんだ、人のものを返さないよ。	
Арын хаалгаар явсаар өдий хүрсэн хүнд амьдрал тийм амар биш дээ. 縁故でこれまでやってきた人にとって、人生はそう甘くないよ。	直訳は「裏口」。
Хүний үрийг ингэж арьс махтай нь хатаах гэж дээ. 幼い子をこうして苦しめるというのか。	直訳は「皮と肉を乾かす」。
Эцэг минь нарийнтсан болохоороо хоол унд орохгүй, яс арьс болж байж өнгөрсөн дөө. 私の父は食道がんにかかって飲食物が通らず、痩せ衰えて亡くなった。	直訳は「皮と骨になる」。
Болд гуай хүүгээ нууцаар тамхи татаж байсныг мэдчихээд арьсыг нь хуулжээ. ボルドさんは息子が隠れてタバコを吸っていたことを知って激しく叱った。	直訳は「皮を剥ぐ」。
Өөрийн бодолтой явахгүй бол хүний атганд орно. 自分の考えを持っていないと、他人に言われるままになる。	直訳は「握った手の中に入る」。
Томчуудын дэргэд ажиг ч үгүй тамхи татаж байдаг ах захгүй залуучууд хааяа байх юм. 大人たちの傍で、素知らぬ顔でタバコを吸う不作法な若者がたまにいるよ。	

Одоо хэрэглэж байгаа үсгийн дүрэмд ац хагалах юм олон бий.
現在使っている文字の正書法には解決しなければならない問題がたくさんある。

АЦАН ШАЛАА	どうしょうもない、判断できない、結論がだせない
АЧИР ДЭЭР	事実は、本当は、実際に、現実は
АЯ БАРИХ	歌う、宴会で歌う、唄う
АЯ ДААХ	様々なことに耐える、壊れない、堪える
АЯГА ЁРООЛДОХ	茶などを飲んで長居する、飲み物を飲んでぐずぐず座っている
АЯГА ТЭГШ ЮМ	酒、アルコール類
АЯГАНЫ АМСАР ЗУУЛГАХ	客をご馳走してもてなす、食事で接待する、ご馳走する

Б

БААСТАЙ БУРХАН	大事にしているわが子、可愛い子供、目に入れても痛くない子

Бид нар тэнд очих уу, байх уу гээд ацан шалаанд орчихоод байна.
私達はそこへ行くか、行くまいか決められなくて困っている。

Тэр анх уулзахад их л ширүүн ааштай хүн шиг санагдах боловч ачир дээрээ их сайн хүн.
彼は初対面では大変厳しい性格の人のようだが、本当はとてもいい人だ。

Найран дээр Лувсан гуай уртын дуугаар ая барилаа.
祝宴でルブサンさんは長唄を歌った。

Энэ нимгэн даавуун цамц угаахад гарын ая даахгүй, дорхоноо урагдчих юм.
この薄い木綿のシャツは洗濯に耐えられず、すぐずたずたになった。

Тэр хэд аяга ёроолдон дэвэн дэлхийн юм ярьж суулаа.
あの人たちは茶などを飲んで長居しながら、いろいろなことを話していた。

直訳は「お椀の底を見る」。

Найз нөхөдтэйгээ аяга тагш юм хуваажд уух сайхан.
仲間たちと酒を分け合って飲むのは楽しい。

直訳は「椀の中に入ったもの」。

Орсон гарсан хүнд аяганы амсар зуулгалгүй гаргаж болохгүй.
やってきた客人にご馳走しないで帰してはいけない。

直訳は「椀の縁を噛ませる」。

Баатарын баастай бурхан цэцэрлэгт оржээ.
バートルの大事にしている子が幼稚園に行くことになった。

直訳は「糞のついた仏様」。

БАГ ӨМСӨХ	本心を隠す、表面をそうでないように見せる、自分を隠す
БАЙ БОЛОХ	（話の）悪例になる、悪い先例を残す、話のネタになる
БАЙНД Ч ҮГҮЙ, БАНЗАНД Ч ҮГҮЙ	いいかげんなことを言う、的外れ、ポイントがずれる
БАМБАЙ БОЛОХ	防御になる、楯になる、守りになる、支えになる、クッションになる
БАМБАЙ ХИЙХ	身を守る、楯にする、口実にする
БАРЖ ИДЭХГҮЙ ХООЛ	困難な仕事、難し過ぎる、容易でない
БАРИН ТАВИН ХЭЛЭХ	恥じずに嘘をつく、平気で嘘を言う、いいかげんなことを言う
БАРУУН ГАР	支援者、信頼できる人、頼りになる人、手助け、右腕
БАРУУН СОЛГОЙГҮЙ	器用、左右どちらの手でも、腕達者、何でも上手
БАРЬЖ АВАХ	何かを始める、開始する、仕事を始める

Найз нар дундаа зүв зүгээр байдаг хүн чинь танихгүй улсын дунд орохоороо баг өмсчихсөн юм шиг болох юм. 友人たちと一緒にいるときは普通にいられるが、知らない人達の中に入ると別人のようになる。	直訳は「仮面をかぶる」。
Та нар дандаа л намайг ярианыхаа бай болгож байх юм. あなた方はいつも、私を話のネタにしているね。	直訳は「的になる」。
Өнөөдөр шалгалтан дээр огт уншаагүй асуулт сугалчихаад таагаад буудчихсан чинь байнд нь ч үгүй, банзанд ч үгүй болчихлоо. 今日の試験ではまったく読んでいなかった問題が出てしまい、推測で答えたらまったく的外れなことになってしまった。	直訳は「的でもない板でもない」。
Би та хоёрын бамбай болж чадахгүй шүү. 私はあなたたち二人の楯にはなれないよ。	
Мэдэхгүй чадахгүйгээрээ бамбай хийж болохгүй. 知らない、できないということで身を守ってはいけない。	
Японоор бичнэ гэдэг нь надад барж идэхгүй хоол байна. 日本語で書くというのは、私には難し過ぎる。	直訳は「食べ切れない食べ物」。
Тэр хүн хэргийг нүдээр үзсэн мэт барин тавин хэлнэ. あの人は事件を目で見たように、平気で嘘をつく。	
Тэр хүн чинь даргын баруун гар нь шүү дээ. 彼は上司の頼りになる右腕だよ。	直訳は「右手」。
Бямбаа гуай ямар ч зургийг баруун солгойгүй зурдаг хүн. ビャンバさんはどんな絵でも器用に描く人だ。	直訳は「右左なし」。
Энэ номыг бариад авбал гурав хоногт л дуусгана. この本を読み始めれば、3日で読み終える。	

БАРЬЦ АЛДАХ	慌てる、動転する、困惑する、訳が分からなくなる
БАТГАНЫ ХОШУУ БАГТАХ ЗАЙГҮЙ	狭い、窮屈、混み合っている、混雑している
БАХЬ БАЙДГААРАА	前と同様、以前どうり、昔のまま
БАЯН ХОДООД	競馬で一番最後尾の2歳馬
БИЕ БАРАХ	НАС БАРАХを見よ
БИЕ ГҮЙЦЭХ	①成人する、大人になる、成長する ②力が付く、能力が備わる、力が及ぶ
БИЕ ДААХ	自立する、独立する、自分でする
БИЕ ДАВХАР	ДАВХАР БИЕТЭЙを見よ
БИЕ ХҮНД БОЛОХ	ХӨЛ ХҮНД БОЛОХを見よ
БИЕ ШАЛТГААНТАЙ	妊娠する、身ごもる、身重になる、子供ができる
БИЕ ШАЛТАГТАЙ	БИЕ ШАЛТГААНТАЙを見よ

Энэ ажлыг дуусгах цаг нь тулчихаад барьц алдсан шүү. この仕事を終わらせる時間が迫ったので慌ててしまったよ。	直訳は「握り手を失う」。
Оюутнуудын үдэшлэг дээр ороход ёстой л батганы хошуу багтах зайгүй байлаа. 学生たちの集会に入ると、立錐の余地のないほど混んでいた。	
Тэр бахь байдгаараа ажлаасаа хоцроод л ирж байдаг. 彼は以前と同じように仕事に遅れてくる。	直訳は「ペンチをあるがままに」。
Намжил гуай наадамд уралдаад баян ходоод болсон хөөрхөн даагаа хөтлөөд гэр лүүгээ зүглэв. ナムジルさんは競馬で最後尾になった可愛い2歳馬を引いて家に向かった。	直訳は「豊かな胃」。

①Хүү минь бие гүйцэж, цэргийн албанд мордлоо. わが息子は成人して兵役についた。 ②Аав нь нас өтлөөд хүнд хүчир ажилд бие гүйцэхгүй болжээ. 父は年老いて力仕事には力が及ばなくなった。	直訳は「体が完成する」。
Би арван зургаатайгаасаа биеэ дааж амьдарсан. 私は16歳から自立して生活した。	

Бэр нь бие шалтгаантай болсоныг сонсоод Дулмаа гуай баярлахын дээдээр баярлав. お嫁さんが妊娠したことを聞いて、ドルマーさんはとても大喜びした。	直訳は「身体に理由ができる」。

БИЕЭ АЛАХ	自殺行為をする、自分の体に悪いことをする、自分自身を駄目にする
БИЕЭ ОТОРЛОХ	怠ける、何もせずに過ごす、ボーとして過ごす
БИЕЭ ЧАГНАХ	自分の身体を気にする、自分の身体について心配性になる
БОГИНО ЖОЛООТОЙ	思慮が浅い、考えが浅い、考えが浅はか、視野が狭い
БОДИЙГ НЬ ХӨТЛӨХ	殺す、殺害する、家畜を解体する、家畜を処分する
БОЛЧИХ ШАХАХ	大変暑い、暑苦しい、とても暑く感じる
БООЖ ҮХЭХ	大変怒る、怒り狂う、激怒する、癇癪を起こす
БООРЦОГНЫХОО САВЫГ ХАГАЛУУЛАХ	殺される、ひどい目にあう、苦しみを味わう
БОРВИ ТЭНИЙХ	成長する、育つ、大きくなる

Өөх тос их иднэ гэдэг чинь биеэ алж байгаа хэрэг.
脂肪分を沢山食べるというのは自殺行為をしているということだ。

直訳は「自分の体を殺す」。

Залуу хүн сумын төв дээр биеэ оторлож зүгээр суулгүй, хөдөө гарч мал малласан нь зөв.
若者は村の中心地でボーとしていないで、草原に出て家畜を世話したらいい。

Ээжээ, та битгий биеэ чагнаад бай, харин эмээ сайн уу.
お母さん、身体を気にしすぎないようにね、だけど薬はよく飲んでくださいね。

Урьд эмэгтэйчүүдийг урт үстэй боловч богино жолоотой гэж үздэг байсан.
昔は女性たちを長い髪を持つが思慮が浅いとみていた。

直訳は「短い手綱」。長旅は手綱を長く、短距離は短く握る。短い手綱は身近なことばかり考えていることを指す。

Чоно нэг сайхан морины минь бодийг хөтөлчихжээ.
狼が私の一頭の素晴らしい馬を殺してしまった。

Өнөөдрийн халуунд болчих шахлаа.
今日の暑さは暑苦しかった。

Хайран сайхан морио алдчихлаа гээд Дорж гуай боож үхэх шахлаа.
大事な馬を失くしてしまったと、ドルジさんは大変怒った。

直訳は「縛って死ぬ」。

Чи минь илүү үг хэлж байж боорцогныхоо савыг хагалуулав даа.
お前は余計なことを言ってひどい目にあったろう。

直訳は「菓子の入れ物を壊される」。

Хэдэн хүүхдийн минь борви нь тэнийлээ.
わが家の子供たちは成長したよ。

直訳は「腱が伸びる」。

— 43 —

БОРВИНЫ БААС НЬ АРИЛААГҮЙ	子供、若い、青二才、未成年、成熟していない
БОРООНД УРДУУДСАН АДУУ ШИГ	意気消沈する、くよくよする、がっかりする、元気を失くす
БОРООНЫ ХОНЬ ШИГ	元気を失くす、意気消沈する、がっかりする
БОСГО ЭЛЭЭХ	人の家に頻繁に行く、人の家を出たり入ったりする、よく訪ねる
БӨГС ӨНДИЙХИЙГ АНДАХГҮЙ	留守を利用する、留守をねらう、人がいない間に何かする
БӨГС УХАХ	ねじ曲げる、人の欠陥をほじくり返す、アラをほじくる
БӨГС ЭРГЭХ ЗАЙГҮЙ	狭い、窮屈な、小さい、狭くて窮屈
БӨГСӨӨ ЧИРЭХ	悠長にする、長引く、仕事が容易に終わらない、のろま
БӨӨН БАЯР	大喜び、大きな喜び、歓喜、大きな楽しみ
БӨӨН ЦАГААН	АЛТАН АРААТ БУЛГАН СҮҮЛТを見よ
БӨӨР АВАХ	БӨӨР СУГАЛАХを見よ

Борвины баас нь арилгаагүй байж бас архи уух санаатай юу чи!
青二才のくせに、もう酒を飲もうというのか、お前は!

直訳は「踵の糞が消えていない」。

Борoонд урдуудсан адуу шиг царай алдаад яасан юм бол?
意気消沈して元気を失くしてどうしたんだ?

Ханиад хүрчихээд борооны хонь шиг болчихлоо.
風邪をひいて元気を失くしてしまった。

直訳は「雨中の羊のよう」。

Олон жил айл аймаг явсан болоод ч тэр үү, тэдний босгыг мөн ч их элээсэн дээ.
長い年月、隣同士だったからか、数え切れないほどあの家に遊びに行った。

直訳は「敷居を使い古す」。

Хүүхэд эцэг эхийнхээ бөгс өндийхийг андахгүй найзтайгаа тоглох гэнэ.
子供は両親が留守のところをねらって友達と遊ぶそうだ。

直訳は「尻が上がるのを見誤らない」。

Хүний бөгс ухна гэдэг сайхан юм биш.
人の欠陥ばかりをほじくり返すというのは良いことではない。

直訳は「尻を掘る」。

Хүүгийн минь суудаг өрөө бөгс эргэх зайгүй.
息子の住んでいる部屋はとても狭くて窮屈だ。

直訳は「尻が回る隙間がない」。

Бөгсөө чирээд байвал энэ ажил мөд дуусахгүй.
のろのろしていると、この仕事が容易に終わらないんだよ。

Хүүхдүүд нь аавыгаа Москвагаас ирэхэд бөөн баяр болж байлаа.
子供たちは父がモスクワから帰ってくると大喜びした。

БӨӨР САЙТАЙ	親しい、仲がいい、心が通ずる
БӨӨР СУГАЛАХ	厳しく叱る、怒る、苦しめる、激しく叱責する
БӨӨСӨНД ЖАД	БӨӨСӨНД ХУТГА ГАРГАХを見よ
БӨӨСӨНД ХУТГА ГАРГАХ	大げさに振る舞う、大仰にする、無用の長物
БӨХ НҮҮРТЭЙ	恥知らず、厚顔な、破廉恥な
БУДАА БОЛОХ	粉々になる、粉々に壊れる、粉砕される
БУДАА ХОРООХ	暮らす、生きる、生活する、生業をする
БУДААНЫ ХҮН	自分がない人、自立していない人、権利がない人
БУЛ ЧУЛУУ	邪魔なもの、障害、迷惑なもの
БУЛУУ ХАЛАХ	夢中になる、仕事に燃える、次々としたくなる

Тэдэн дотор бөөр сайтай улс их бий. 彼らの中には親しい仲間がたくさんいる。	直訳は「腎臓がいい」。腎臓は二つ隣り合っていることから生じた表現。
Намайг хэрэв гэртээ согтуу харивал, аав бөөрий минь сугална. 私がもし酔って帰れば、父は厳しく叱る。	直訳は「腎臓を引きぬく」。

Чи чинь бөөсөнд хутга гаргана гэгчээр шүүрийн ишээр жоом цохих гэж байгаа юм уу ? お前は大げさにホウキでゴキブリを殺そうとしているのか？	直訳は「ノミに包丁を使う」。
Чи бас бөх нүүртэй хүн юмаа. お前はまったく、恥知らずな奴だな。	直訳は「強い顔を持つ」。
Өндөр тавиур дээр байсан том ваар нурж унаад будаа болсон байна. 高い棚の上にあった大きな壺が倒れて落ち粉々になった。	直訳は「お米になる」。
Ийм сайхан нутагт будаа хороох азтай хүн юмаа чи. こんな美しい地域で暮らせる幸運な人だね、あなたは。	直訳は「お米を少しずつ減らす」。
Энэ асуудлыг тэр ганцаараа шийдэж чадахгүй, тэр чинь будааны хүн. この問題を彼は一人では決められない、彼は自分自身を持たない人だ。	直訳は「お米の人」。
Би хүний ажилд бул чулуу болоод яахав. 私は他人の仕事を邪魔したくない。	
Энэ ажлыг бушуухан дуусгах гэсээр нэг мэдэхнээ булуу халчихсан байна. この仕事を急いで終わらせようとしている間に、つい夢中になってしまった。	

БУРАНТАГТАЙ ТЭМЭЭ ШИГ/ МЭТ /	人の言うとおりにする、自分の考えを持っていない、付和雷同
БУРУУ ИШИЛСЭН СҮХ ШИГ	頑固者、へそ曲がり、他人と協調できない
БУРУУ ХОЙШОО	あまり良くない、良くも悪くもない、ごく平均的な、普通な
БУРУУ ЭЛЭГТЭЙ	心を開かない、親しくない、相手を思いやらない
БУРХАН БОЛОХ	НАС БАРАХを見よ
БУРХАН УХААНТАЙ	立派な知恵と心を持つ、賢い知恵がある
БУРХАН ШИГ АМЬТАН	心の良い人、善良な人、善人、心根の良い人
БУРХАН ШИГ ТАХИХ	とても大事にする、大事に奉る、深く敬する
БУРХНЫ ОРОНД ЯВАХ	死ぬ、亡くなる、あの世に行く
БУСДЫН АМААР БУДАА ИДЭХ	人の言うとおりにする、自分の考えをもたない、自分の見識がない
БУУ АЛДАХ	誤って発砲する、思わず発砲する、知らずに撃ってしまう

Бурантагтай тэмээ шиг байхаа болиод, өөрийнхөөрөө амьдарсан нь дээр дээ.
人の言うままになるのではなく、自分の好きなように暮らしたほうがいい。

直訳は「紐の付いたラクダのよう」。

Тэр дандаа буруу ишилсэн сүх шиг загнах юмаа.
彼はいつも、他人と協調できずに怒っているよ。

Чи монголоор ямар сайхан ярьдаг юм бэ? Буруу хойшоо, би тийм сайн ярьж чадахгүй.
君は実に上手にモンゴル語を話すね。ごく普通だよ、私はそんなによく話すことはできないよ。

Буруу элэгтэй хүнд битгий олон юм хэл.
親しくない人に多くのことを話すな。

直訳は「違う肝臓を持っている」。

Дархан хүн бурхан ухаантай.
職人には賢い知恵がある。

Манай айлын Дорж гуай гэж бурхан шиг амьтан бий.
家の隣に住んでいるドルジさんというのは、本当に善人だ。

Би аавынхаа зурсан зургийг бурхан шиг тахьдаг юм.
私は父の描いた絵をとても大事にしている。

直訳は「仏のように祀る」。

Дулмаа гуайн өвгөн бурхны оронд явчихаж гэнээ.
ドルマーさんのところのおじいさんが亡くなったんだとさ。

直訳は「仏の国に行く」。

Бусдын амаар будаа идэх хэрэггүй.
人の言うとおりにするのは止めたほうがいい。

直訳は「人の口で米を食べる」。

Нэг цэргийн даргын хүүхэд аавынхаа буугаар оролдож байгаад санамсаргүй буу алдсан гэнэ.
ある兵長の子供が鉄砲を触っていて、不意に誤って発砲してしまったそうだ。

БУУ ХАЛАХ	意気投合する、気が合う、気持ちが一致して長時間話し込む
БУУЖ ӨГӨХ	降参する、偉ぶっていたのが温和になる、観念する、あきらめる
БҮДҮҮН АЙЛ	普通の家、飾り気のない家、くつろげる家
БҮДҮҮН БААРАГ	粗野な、大雑把な、無遠慮な、飾り気のない
БҮДҮҮН ЗҮРХТЭЙ	図々しい、厚かましい、図太い、傲慢な、冷酷な
БҮДҮҮН ХҮЗҮҮТЭЙ	自惚れる、高慢な、図々しい、厚かましい
БҮСЭНДЭЭ ХАВЧУУЛАХ	面倒を見る、世話をする、連れて行く
БҮСЭЭ ЧАНГА БҮСЛЭХ	意志を固くする、辛抱強くする、勇気を出す、我慢する

Доржтой уулзаад буу халчихсан чинь нэг мэдэхэд оройн 11 цаг болчихсон байлаа.
ドルジと会って意気投合して話しこんだら、気がつくと夜11時になってしまっていた。

直訳は「銃が熱くなる」。

Зорьсон хэрэг маань бүтэхээс нааш тийм амархан бууж өгөхгүй шүү.
目標に達するまでは、そう簡単にあきらめないよ。

Манайх ч бүдүүн айл шүү.
私の家は普通の家だよ。

Манай ах хоол унд голдоггүй бүдүүн баараг хүн дээ.
私の兄は食べ物を選り好みしない大雑把な人だ。

Чи харанхуй шөнө эмэгтэй хүнийг ганцаар нь явуулчихаад ажиг ч үгүй тайван сууж байдаг бүдүүн зүрхтэй эр юмаа.
お前は真っ暗な夜中に女性を一人で行かせて、自分は平然としている冷酷な男だ。

直訳は「心臓が太い」。

Хамаг амьтан ажил хийж байхад чи ганцаараа хажууд нь зүгээр сууж байдаг, яасан бүдүүн хүзүүтэй залуу вэ.
皆が仕事をしているのにお前は一人でそばに座っている、なんと図々しい若僧だ。

直訳は「首筋が太い」。

Даниа гуай өнчин хоцорсон тэр хүүг бүсэндээ хавчуулан байж хүн болгосон доо.
ダニアさんは孤児として取り残されたその子供の面倒をみて一人前に育て上げた。

直訳は「帯にはさむ」。

Хоол унд хомс цагт бүсээ чангалж байж давж гарсан гэдэг.
食料品が不足していたとき、我慢して乗り切ったそうだ。

直訳は「帯を強く締める」。

БЭЛДЭЭ БУУХ	降参する、偉ぶっていたのが温和になる、観念する、投降する
БЭЛЭН АМ ХЭЛЭХ	口だけのことをいう、軽く約束する、簡単に口約束する
БЭЛЭН ҮГТЭЙ	口先がうまい、口が上手、うわべの言葉が上手
БЭЛЭН ХООЛ	簡単な仕事、容易なこと、難しくないこと
БЭТЭГ ХАГАРАХ	長く心配していたことがかなって安心する、ホッとする、長い間の心配が解ける
БЭЭЛИЙН ЧИНЭЭ	小さな、ちっちゃな、少ない
БЭЭРСЭН ААЛЗ ШИГ	不活発な、緩慢な、動かない、ゆっくり
БЯРУУ БОЛООГҮЙ, БУХЫН БААДГААР БААХ	分不相応、偉ぶる、大人の真似をする、大人ぶる

Муу хэрэг хийсэн гэмт этгээд эхлээд гэмгүй хүн болох гэж жаал хашгичсанаа хэргийн хөдлөшгүй баримт гараад ирэхлээр аргагүй бэлдээ буув.
最初、悪事をしたその犯罪者たちは無罪になろうと騒いでいたが、確実な証拠が露見すると仕方なしに観念した。

直訳は「山の麓に降りる」。

Бүтэхгүй юмыг бэлэн ам хэлж хүний ажилд гай болох хэрэггүй.
出来もしないことを簡単に約束して他人の仕事の邪魔をすることはない。

Сэнгэ гуай жаахан бэлэн үгтэй хүн үү дээ?
センゲさんはちょっとばかり、口が上手な人なのかな?

直訳は「既成の言葉を持つ」。

Энэ чинь надад бэлэн хоол байна.
これは私には簡単な仕事だ。

直訳は「出来上がった料理」。

Уулзалгүй удсан хүү минь ирж бэтэг хагарлаа.
久しく会わなかった息子がやって来て、長い間の心配が解けた。

Бээлийн чинээ охин минь даарчих вий дээ.
小さなわが娘は寒くないかな。

Бушуухан энэ ажлаа дуусгая, тэгэхгүй бол бээрсэн аалз шиг байгаад байвал бүр дуусахгүй.
急いで仕事を終えようよ、そうせずに動かずにいると完全には終わらないぞ。

直訳は「凍えた蜘蛛のよう」。

Бяруу болоогүй, бухын баадгаар баана гэгчээр одоогийн хүүхдүүд багаасаа тамхи татацгаах юм.
最近の子供たちは大人の真似をして小さい頃からタバコを吸っている。

直訳は「2歳にならないのに種雄牛の糞をする」。

— 53 —

Г

ГАДАА ГАНДАЖ, ХӨДӨӨ ХӨХРӨХ	辛酸をなめる、さまざまな経験をする、苦労する
ГАДАА ИРЭХ	近づく、迫ってくる、間近にくる
ГАЖ БУРУУ	異常な、変則な、アブノーマルな、規格外の
ГАЗАР АВАХ	流行する、伝染する、広がる、流布する
ГАЗАР ДООГУУР ОРТОЛ ХЭЛЭХ / ХАРААХ /	悪いことを言う、悪しざまに言う、さげすむ、ひどい悪口を言う
ГАЗАР САЙГҮЙ	あちらこちらで、どこでも、至るところで
ГАЗАР ТЭНГЭР ХОЁР / ШИГ /	反対の、対立の、まったく異なる、敵対の
ГАЗАР ҮМХЭХ	ШОРОО ҮМХЭХを見よ
ГАЗАР ЦАРАЙЛАХ	土色の顔色、衰弱した、元気のない、ぐったりした

Дулмаа гуай хэдэн хүүхдээ гадаа гандаж, хөдөө хөхөрч байж өсгөсөн дөө.
ドルマーさんは子供たちを大変苦労して育てた。

Элсэлтийн шалгалт гадаа ирж байна. 直訳は「外に来る」。
入学試験が近づいている。

Зарим залуучууд орчин үеийн модоор хувцаслаж байна гээд гаж буруу юм өмсөх болжээ.
ある若者たちは最近のモードだと言って、変なものを着るようになった。

Сүүлийн үед хээл хахууль авах газар авчээ. 直訳は「土地を取る」。
近年、賄賂を取る悪弊が広まった。

Ямар ч муу юм хийсэн байлаа, хүнийг ингэж газар доогуур ортол нь хэлнэ гэдэг чинь юу гэсэн үг вэ? 直訳は「地中に入るほど言う」。
どんな悪い事をしたとしても、人をこのように悪しざまに言うというのはどういうことかな?

Дайныг эсэргүүцсэн жагсаал газар сайгүй болж байна.
戦争反対のデモがあちらこちらで行われている。

Хот хөдөө хоёр газар тэнгэр хоёр шиг байсан.
都市と地方はまったく異なっていた。

Шороо ухаад газар царайлсан хоёр хүн явж байна. 直訳は「土の顔色をする」。
土を掘って疲れ果てた二人が歩いて行く。

ГАЗАРТ ОРОХ	①仕事を止めさせられる、解職させられる、首になる ②前にあった建物を壊す、取り壊す、破壊する
ГАЗАРТАЙ ТЭГШЛЭХ	破壊し尽くされる、粉砕される、根絶される
ГАЗРААР НААЛДСАН	背が低い、天井が低い
ГАЗРЫН МУХАРТ	極めて遠い所、はるか遠方、遠くに
ГАЗРЫН ЦЭЭЖИНД ГАРАХ	①行程の半分以上に達する、旅の半分以上を行く ②一人前になる、大人になる、成人になる
ГАЙГҮЙ ХЭВТНЭ	どうしてもできない、不可能、絶対に駄目
ГАЛ АВАЛЦАХ	ГАЛ АВАХを見よ
ГАЛ АВАХ	燃える、火事になる、火災が起こる

①Манай үйлдвэр орон тооны цомхотгол хийж байгаа, олон хүн газарт орох юм шиг байна.　　直訳は「土に入る」。
私たちの工場は従業員を大幅削減しているので、多くの人が首になりそうだ。
②Тэнд байсан гуанзны байшин газарт орсон гэнэ лээ.
あそこにあった食堂の建物は取り壊したそうだ。

1930 хэдэн онд олон сүм дуганг газартай нь тэгшилсэн гэсэн.　　直訳は「地と同じように平らにする」。
1930年代に多くの寺院が根絶されたそうだ。

Газраар наалдсан таазтай модон байшин.　　直訳は「地面にくっついた」。
天井の低い木造の建物。

Газрын мухарт ирээд, таних хүнгүй эхэндээ хэцүү байлаа.
まったく遠い所にやって来て、最初は知り合いもなく厳しかった。

①Газрын цээжинд гарлаа, одоо нэг цаг хэртэй яваад хүрчихнэ.
旅の半分以上が過ぎた、あと1時間くらいで到着する。
②Хүүхдүүд газрын цээжинд гарах гэж байна.
子供たちが一人前になろうとしている。

Чи Баянмөнх аврагыг унагана гэдэг ч гайгүй хэвтнэ.
お前がバヤンムンフ横綱を倒すということは不可能だよ。

Модон байшин гал авах нь амархан байна.
木造の建物は燃えるのが簡単だ。

— 57 —

ГАЛ АЛДАХ	①失火する、火災を起こす、火事になる ②燃料がなくなる、燃料を切らす、薪を切らす
ГАЛ ГОЛОМТ ЗАЛГАХ	家督を継ぐ、家系を継ぐ、家系を守る
ГАЛ УС ХОЁР / ШИГ /	合わない、一致しない、仲が悪い、水と油、反対の
ГАЛД ТОС НЭМЭХ	物事をさらに進行させる、悪いことを倍加させる
ГАЛТАЙГАА БУУХ	大変怒る、烈火のごとく怒る、激怒する
ГАЛЫН ХАЙЧ	（形式的には妻だが）家事手伝い、家の奴隷のような立場

①Хэдэн сахилгагүй хүүхэд ойд явж байгаад гал алдсан гэнэ.
何人かのいたずらな子供たちが森に入っていて失火したそうだ。

②Хэдэн хоног үргэлжилсэн хүйтнээр зарим айл гал алдсан гэнэ.
何日か続いた寒さのために、ある家では燃料がなくなったそうだ。

直訳は「火を失う」。

Ах минь гал голомтоо залгах нэг хүүтэй болжээ.
兄は家督を継ぐ男児を得た。

直訳は「カマドを守る」。カマドはゲルの中心にあり、煮炊きから暖をとる大事なもの。それを守ることが家系をつなぐ象徴となる。

Тэр хоёр гал ус хоёр шиг зантай болохоор нэг дор амьдрахад хэцүү байсан биз дээ.
あの二人はまったく合わない性格だから、一緒に暮らすというのは難しかっただろう。

直訳は「火と水のよう」。

Тэр тийм амархан бүтэх юм биш гэж Дулмаа гал дээр тос нэмлээ.
それはそんなに簡単にできる仕事ではないと言って、ドルマーは状況をさらに悪化させた。

直訳は「火に油を加える」。

Хүүгээ халамцуу орж ирэхийг хараад аав нь галтайгаа буучихжээ.
息子が酔っぱらって帰ってくるのを見て、父は烈火のごとく怒った。

直訳は「火を持って降りる」。

Би залуу насандаа ном эрдэм сурч юм үзээж нүд тайлмаар байна. Айлын галын хайч боломгүй байна.
私は若いうちは学問をして知識を広めたい。家事手伝いにはなりたくない。

直訳は「火ばさみ」。

— 59 —

ГАНГАР ГУНГАР ХИЙХ	話し合う、談笑する、ワイワイ話す
ГАНЗАГА НИЙЛЭХ	一緒に仕事をする、協力する、意見が一致する、息が合う
ГАНЗАГА ТОСЛОХ	狩をする、狩りで獲物を得る、動物を殺す
ГАНЗАГА ХООСОН	①獲物が空っぽ、収穫がない、得るものがない ②口答えする、口がへらない、お返しをする、へらず口をきく
ГАНЦ ҮГ ГАЗАР ГЭЭХГҮЙ	何にでも文句を言う、一言ごとに立て付く、すぐ喧嘩を売る
ГАНЦ ХУЖИР	もっとも好きなもの、唯一好きなもの、一番大事なもの
ГАР БАРИАД БУГУЙ БАРИХ	欲張る、要求が広がる、欲にきりがなくなる、エスカレートする
ГАР ДҮРЭХ	干渉する、手を加える、横から手を突っ込む
ГАР ЗАГАТНАХ	ケンカしそうになる、手が落ち着かない、ソワソワする

Хааяа найз нөхөдтэйгээ уулзан гангар гунгар хийх шиг сайхан юм байхгүй.
時おり、友人たちと会って談笑するほど楽しい事はない。

Аав Дорж ах хоёрын ганзага нийлдэг юм.
父とドルジ兄さんの二人はよく息が合う。

直訳は「鞍ひもを結び合わせる」。獲物などを縛りつける鞍ひもを結び合わせることで「協力」を表現。

Аав минь ганзага тосолчихлоо шүү гэсээр орж ирлээ.
父は獲物があったよと言いながら入ってきた。

直訳は「鞍ひもに油を付ける」。

①Манай өвөө ганзага хоосон буцаж ирэхгүй, заавал нэг хоёр юмтай ирнэ.
うちのお爺さんは獲物なしで帰ってくることはめったにない、必ず一匹、二匹もってくるよ。
②Тэр ямар ч хүний ганзага хоосон буцаадаггүй хүн дээ.
あの女性は誰に対しても口答えする人だ。

直訳は「鞍ひもが空」。鞍ひもは馬上で獲物や土産、荷物を縛りつけるもの。客を手ぶらで帰さないという習慣から生じた表現。

Чи ер нь ганц үг газар гээхгүй хүн юмаа.
お前はまったく、何にでも文句をいう人だね。

直訳は「言葉を一つも落とさない」。

Кино бол миний ганц хужир.
映画は私のもっとも好きなものだ。

直訳は「唯一のソーダ」。

Чи ёстой гар бариад бугуй барьдаг хүн юмаа.
お前はまったく、際限なく欲張る奴だ。

直訳は「握手して、次に肘を握る」。

Бусдын хэрэгт гар дүрэх хэрэггүй.
他人のことに干渉しないほうがいい。

直訳は「手を突っ込む」。

Тэр гар нь загатнасан амьтан шүү, холуур яваарай.
彼はすぐケンカを売る奴だぞ、離れて行ったほうがいい。

直訳は「手がむずむずする」。

— 61 —

ГАР ЗӨРҮҮЛЭХ	①挨拶する、挨拶を交わす ②相撲を取る、掴みあう ③殴り合う、ケンカをする
ГАР МУХАР	手ぶら、空っぽ、手段がない、素手で
ГАР МУХАРДАХ	身近な手助けがいなくなる、手助けの手足がなくなる
ГАР НИЙЛЭХ	一緒に仕事をする、力を合わせる、協力し合う、息が合う
ГАР НЬ ГАНЗАГАНД ХҮРЭХ	大人になる、成長する、一人前になる
ГАР СУЛТАЙ	物惜しみしない、ケチでない、しみったれでない
ГАР ХАРАХ	他人の助言、支援を待つ、人を頼りにする、助けを待つ

① Та бид хоёр удаан жил уулзсангүй. Заа гар зөрүүлчихье.
私たち二人は長い間会わなかったね。さあ、挨拶しよう。
② Бид хоёр энэ жилийн улсын наадмаар гар зөрүүлээгүй.
私たちは今年のナーダム祭で相撲を取ってないね。
③ Тэр хоёр архи ууж, сүүлдээ их согтоод гар зөрүүлцгээсэн гэнэ.
あの二人は酒を飲んでいて、最後には大変酔って殴り合ったそうだ。

①直訳は「手を交叉させる」。互いに手を上下に重ね合わす挨拶の習慣からきた表現。

Сайн дурын ажилд хүн бүр багажтай ирж байхад би ганцаараа гар мухар очиж болохгүй байхаа.
奉仕活動に誰もが道具を持ってきているのに、私一人が手ぶらで行ってはいけないだろう。

Хүү минь сургуульдаа явчихлаар гар мухардах юм.
息子が学校に行ってしまうと、手助けがなくなる。

Тэр хоёрын гар нийлдэг юм, мөд дуусахгүй байх гэж бодож байсан ажил нь дорхоноо дуусчих жишээтэй.
あの二人は息が合っているね、なかなか終わらないような仕事もすぐに終わってしまうくらいだ。

直訳は「手を合わせる」。

Одоо миний хүү гар нь ганзаганд хүрчээ.
もう私の息子は一人前になった。

直訳は「手が鞍ひもに届く」。

Ээж минь олсон бүхнээ хүнд өгчихдөг гар султай хүн.
私の母は、得たものすべてを人にあげてしまう物惜しみしない人だ。

直訳は「手が緩い」。

Хүний гар харах шиг хэцүү юм үгүй.
人を頼りにするほど辛い事はない。

直訳は「人の手を見る」。

ГАР ХООСОН	①手ぶら、贈り物がない、素手で ②貧乏、貧しい、何も持たない
ГАР ХӨДЛӨХ	働く、仕事をする
ГАР ХӨЛ БОЛОХ	手先になる、手下になる、使い走りする、手助けする
ГАР ХӨЛ ХИЙХ	子供に家事手伝いをさせる、身近な仕事をさせる、家事をさせる
ГАР ХӨЛИЙН ҮЗҮҮР	手近な仕事の手伝い、簡単な手伝い、手足、手下
ГАР ХУМХИХ	仕事をしない、何もしない、ボーとしている
ГАР ХУРУУНЫ ҮЗҮҮР	簡単なこと、力や能力のいらない仕事、朝飯前のこと、手軽なこと
ГАР ХҮРЭХ	殴る、叩く、打つ、ぶつ
ГАР ЦАЙЛГАХ	АЛГА ЦАЙЛГАХを見よ
ГАР ЧАНГАТАЙ	ЧАНГА ГАРТАЙを見よ
ГАРАА АВАХ	刃物で手を切る、手を切断する、手を切る

①Би ахынхаа 60 насны найранд гар хоосон очиж болохгүй.
私は兄の還暦祝いに手ぶらで行くことはできない。
②Гар хоосон ажилчид бослого гаргажээ.
貧しい労働者たちが蜂起した。

直訳は「手が空っぽ」。

Гар хөдлөж байвал амьдраад явчихнаа.
働いていれば暮らしはやっていけるよ。

直訳は「手が動く」。

Тэр этгээд дайсны гар хөл болсон.
あの連中は敵の手先になった。

直訳は「手足になる」。

Хүүгээ зуны амралтаар ирэхэд нь бид гар хөл хийдэг юм гэж ээж нь ярив.
息子が夏休みに戻ってきたら、家事の手伝いをさせると母は話していた。

直訳は「手足にする」。

Хүү минь гэртээ байхдаа гар хөлийн үзүүр болдог юм.
息子が家にいるときには、手近な仕事の助けになるよ。

直訳は「手足の先」。

Гонгор гараа хумхиж зүгээр суусангүй, чадахын хирээр янз бүрийн ажил хийлээ.
ゴンゴルは何もせずにただ座ってはおらず、できる限りのいろいろな仕事をやった。

Машин барих ч машин үйлдвэрлэхийг бодвол гар хурууны үзүүрийн ажил.
車を運転するというのは、車を製造することから考えればごく簡単なことだ。

直訳は「手指の先」。

Аав нь хүүдээ гар хүрнэ гэж үгүй.
父親は息子を決して殴ることはしない。

直訳は「手が触れる」。

Охин минь хутганд гараа авчихжээ.
娘がナイフで手を切ってしまった。

直訳は「自分の手を取る」。

ГАРАА БУЗАРЛАХ	悪事をする、つまらないことをする、悪事に手を染める
ГАРАА ГАРГАХ	①一所懸命にする、懸命に努める ②人のためにすべてを差し出す、人にすべてを捧げる
ГАРАА СУНГАХ	手助けする、手を差し伸べる、支援する、援助する
ГАРААС ГАРАХ	①（何かを）し終える、完成する、達成する ②手を離れる、手が掛からなくなる、自立する
ГАРТ ОРОХ	他人の世話になる、病気が悪化して他人の介護を受ける
ГАРТАА АВАХ	支配下に置く、意のままにする、統治する
ГАРТАА ЦАВУУТАЙ	泥棒、盗人
ГАРЫН БЭЭЛИЙ ХИЙХ	人を自分の利益の為に利用する、人をうまく使う

Цэнд согтчихоод над руу агсан тавьсан. Би нэг сайн алгадачих юм уу гэснээ, тэгж гараа бузарлаад ч яахав гэж бодлоо.

ツェンデが酔って私につまらないことをした。私は一つ叩いてやろうかとしたが、そんなことで手を汚してもつまらないと考えた。

直訳は「自分の手を汚す」。

①Биднийг очиход ээж минь гараа гаргаж сайхан хоол хийж өгдөг юм.

私たちが遊びに行くと、母は一所懸命料理を作ってくれる。

②Хүн чиний төлөө гараа гаргаж байгаад баярлалгүй яахав.

他人があなたのためにすべてを捧げているのに、感謝しないでどうするのだ。

直訳は「自分の手を出す」。

Дулмаа гуай гараа сунгаж, хамгийн сүүтэй үнээгээ тэр айлд өгсөн юм.

ドルマーさんは一番乳の出が多い雌牛をその家族にあげて手助けした。

直訳は「手を伸ばす」。

①Гармаагийн гурван жилийн турш бичсэн роман саяхан гараас гарлаа гэнэ.

ガルマーは3年にわたって書いた小説を先頃、完成させたそうだ。

②Хүүхэд 3 нас хүртэл гараас гарахгүй.

子供は3歳までは手がかかるね。

直訳は「手の中から出る」。

Дорж гуайн бие муудаж хүний гарт оржээ.

ドルジさんの病気が悪化して介護を受けることになった。

直訳は「手の中に入る」。

Ард олон засгийн эрхийг гартаа авчээ.

民衆は政権を自分たちの統治下においた。

直訳は「手の中に入れる」。

Гартаа цавуутай амьтны л хийсэн ажил байна даа.

泥棒がやった仕業だな。

直訳は「手に糊が付いている」。

Тэр хүн хүнийг гарын бээлий хийх муу хүн биш.

あの人は自分の為に人を利用するような悪い人ではない。

直訳は「手袋にする」。

— 67 —

ГАРЫН ГАРЗ	もったいない、気の毒、損するだけ
ГАРЫН ДОР	①手短かな、よく使う、簡単な ②人に従う、支配下にある、操り人形、手下
ГАШУУН ҮГ	厳しいが大事な言葉、教訓、厳しい言葉
ГАШУУН УС	酒、アルコール飲料
ГОЛ ГОГЦОО АСУУДАЛ	最も重要な問題、重大事、大事なこと
ГОЛ ГОНСОЙХ	悩む、残念がる、がっかりする
ГОЛ ЗОГООХ ЮМ	食べ物、食料
ГОЛ ОРОХ	ちょっと腹が満たされる、(物を食べて) 腹が落ち着く
ГОЛ СУДСЫГ НЬ ОЛОХ	中心を抑える、ポイントを掴む、重点的に抑える

Тийм бүтэхгүй ажлыг хийх гэхийн хэрэггүй ээ, гарын гарз.
そんな実現出来ない仕事はしないほうがいい、損するだけだ。

①Би гарын дор хэрэглэдэг толь, номоо ширээн дээрээ өрж тавьдаг юм. 直訳は「手の下」。
私はよく使う辞書や本を机の上に並べて置く。
②Насан бол ёстой гарын дор амьтан.
ナサンはまったく、操り人形だ。

Миний аав олон юм ярьдаггүй ч хааяа нэг гашуун үг хэлдэг хүн байлаа. 直訳は「苦い言葉」。
私の父は余計なことは言わないが、時に厳しいことを言う人だった。

Би одоо энэ гашуун усыг дахиад уухгүй. 直訳は「苦い水」。
私は酒はもう二度と飲まない。

Энх тайвныг сахих нь орчин үеийн гол гогцоо асуудал мөн.
平和を守るというのは、現代の最も大事な問題である。

Өчигдөр тэр сайхан сэнгэнэсэн айраг ууж чадаагүй дээ гол гонсойж байна.
昨日、彼はいい香りがする馬乳酒を飲めずにがっかりしているよ。

Би тун их өлсөж байна, гол зогоох юм байна уу? 直訳は「脈を見つける」。
私は大変お腹がすいている、何か食べ物はありますか?

Нэг аяга сүүтэй цай ууж, жаахан юм идээд гол орлоо.
ミルクティを一杯のみ、少しだけ物を食べて腹が落ち着いた。

Ажил хэрэг бүтэхгүй байгаагийн гол судсыг нь олох хэрэгтэй. 直訳は「主脈を見つける」。
仕事がうまく進まない主な原因を探さなければならない。

— 69 —

ГОЛ ХАРЛАХ	①残念がる、遺憾に思う、悔む、悲しむ ②お腹がすく、空腹になる、腹が減る
ГОЛОМТ ТУЛАХ	家庭を築く、後継ぎができる
ГОЛОМТОО САХИХ	ГАЛ ГОЛОМТ ЗАЛГАХを見よ
ГОЛООРОО НУХТЭЙ	人間的、人間臭い、心優しい
ГОЛТОЙ ҮГ	正しい言葉、真実の言葉、まっとうな言葉
ГОМБОО АЙЛТГАХ	ヒマを乞う、休む（読経中の休憩から）
ГОН БИЕ	孤独、親類のない、知己のいない、一人ぼっち
ГОНЖИЙН ЖОО	実現しないこと、不可能なこと、できないこと
ГУЙЖ ГУВШИХ	絶えず頼む、しょっちゅうせがむ、いつも懇願する

①Баатар хамгийн хайртай морио алдчихаад гол нь харлаад сууж байна.
バータルは最愛の馬を失って、とても悲しんでいる。
②Би өглөөнөөс хойш юм идээгүй гол харлаад байна.
私は朝から何も食べてなくて空腹だ。

直訳は「中心が黒くなる」。

Голомт тулах хүүтэй боллоо.
後継ぎの息子が生まれた。

Голоороо нүхтэй л амьтан бол энэ амьтныг өрөвдөж хайрлана даа.
人間らしい人間なら、哀れなこの生き物を大事にするよ。

直訳は「中心に穴がある」。

Бадрах гуай дуугүй сууж, нэг дуугарахаараа тун голтой үг хэлдэг хүн дээ.
バドラハさんはじっと何も言わずにいて、言葉を発するときには実に真実を語る人だよ。

Би өөр ажил ихтэй тул энэ хурлаас гомбоо айлтгамаар байна.
私は他の仕事が忙しいので、この会議を休みたい。

Балдан гуай гон биеэрээ явсаар энэ хавар өнгөрчихсөн гэнэ.
バルダンさんは一人ぼっちで生きてきて、この春亡くなったそうだ。

Энэ ажлыг өнөөдрийн дотор дуусгана гэдэг ч гонжийн жоо.
この仕事を今日中に終えるというのは不可能なことだ。

Тэр залуу миний номыг гуйж гувшсаар байгаад аваад явчихлаа.
あの青年は、私の本をずっとせがんでいて持って行ってしまった。

ГУЛ БАРИХ	盾にする、楯に取る、防御物とする
ГУНЫ ЭВЭР ХУГАРАМ	大変寒い、厳しい寒さ、酷寒、厳寒
ГУРВАЛЖИН ДӨРВӨЛЖИН ХЭРҮҮЛ	広がる口論、あちこちに広がる争い、あちこちで喧しい喧嘩
ГУТЛАА ЧИРЭХ	（特に男性について）だらしない、物事をきちんとできない、することはするがうまくいかない
ГУУЛЬ НЬ ЦУХУЙХ	悪癖が出る、メッキがはがれる、ボロが出る、氷山の一角が明らかになる
ГУЯ АЛГАДАХ	大喜びする、歓喜する
ГУЯ ГАНЗАГАЛАХ	手ぶら、空っぽの手、土産がない、獲物がない
ГҮЗЭЭ ШОРООДОХ	死ぬ、命を失う、亡くなる

Жаал хүү аавааараа гул барих янзтай.
少年はお父さんを盾にしたがっている。

Гуны эвэр хугарам гурван есийн хүйтэн иржь дээ, тун хүйтэн байна.
大変厳しい寒さの大寒がやってきたよ、まったく寒い。

直訳は「3歳雄牛の角が折れるほど」。零下40度、50度の酷寒の寒さの表現。

Тэр хэд хоорондоо учраа ололцож чадахгүй гурвалжин дөрвөлжин хэрүүл болов.
何人かの間で理解し合えず、あちらこちらで口論が始まった。

直訳は「三角形、四角形の喧嘩」。

Гутлаа чирснийг нь би тоохгүй, гунхсан сайхан нь намайг тоохгүй.
だらしない奴を私は相手にしない、かっこいい人は私を相手にしない。

直訳は「靴を引きずる」。

Лодойн шинэ хүргэн сүрхий л томоотой залуу шиг байсан боловч сүүлийн үед архи уугаад их согтдог болсон гэнэ. Гууль нь цухуйж байгаа бололтой.
ロドイの新しい婿は実に温和な青年のようだったが、最近になって酒を飲んで大変酔っぱらうようになったそうだ。メッキがはがれたようだ。

直訳は「真鍮が現れる」。

Тэр жаал хүүд хэдэн чихэр өгсөн чинь гуяа алгадаад гараад явчихлаа.
あの子にお菓子をいくつか買ってあげたら、大喜びして出て行った。

直訳は「腿を叩く」。喜ぶときや気分を鼓舞するときなどの仕草からの表現。

Айлд гуяа ганзагалж очмооргүй байна.
人の家に手ぶらで行きたくない。

直訳は「太股を鞍ひもに付ける」。

Би өчигдөр хальтарч унаад гүзээ шороодох дөхлөө.
私は昨日、滑って転んで死にそうになった。

直訳は「胃が土につく」。

— 73 —

ГҮЗЭЭНД НААЛДСАН ДЭЛҮҮ	離れない、くっ付いている、いつも一緒
ГҮЙХ УХААНТАЙ	頭の回転が速い、賢い、頭の巡りがいい
ГЭГЭЭН ЦАГААН ӨДӨР	真昼、日中、真っ昼間、昼の最中
ГЭДСЭНДЭЭ ХӨЛӨӨ ЖИЙЛЦЭХ	争う、競い合う、角を突き合わせる、敵対する
ГЭДСЭНДЭЭ ХӨЛӨӨ ЧИХЭЛЦЭХ	ГЭДСЭНДЭЭ ХӨЛӨӨ ЖИЙЛЦЭХを見よ
ГЭДСЭЭ МААЖИХ	怠け者、無精者、ものぐさ、何もせずゴロゴロする
ГЭДСЭЭ СОЙХ	断食する、食事を断つ、食事を少なくする
ГЭДСЭЭ ЧАГНАХ	人の腹を探る、腹に一物持つ、疑り深い
ГЭДЭН ХӨДӨЛГӨХ	頑固になる、頑迷さを出す、強情を張る
ГЭДЭС АВАХ	ГЭДЭС АЛДАХを見よ
ГЭДЭС АЛДАХ	腹を壊す、下痢をする、腹を下す

Балдан Самбуугаас сална гэж үгүй, хаа явна гүзээнд наалдсан дэлүү шиг.
バルダンがサンボーから離れるということはない、どこに行くにも一緒だよ。

直訳は「胃にくっついた脾臓」。

Тэнгис гуай гүйх ухаантай хүн.
テンギスさんは頭の回転が速い。

直訳は「走る知恵を持つ」。

Гэгээн цагаан өдөр айлын гэр ухах хулгайч байна гэж үү?
真っ昼間に空き巣を働く泥棒がいるというのか?

Нэр алдар,хэргэм зэргээс болж гэдсэндээ хөлөө жийлцнэ гэдэг чинь юу гэсэн үг вэ.
名誉や地位のことから角を突き合わせるというのは、何ということだ。

直訳は「腹に脚を伸ばし合う」。

Миний ах гэртээ юу ч хийдэггүй гэдсээ маажсан амьтан.
私の兄は家で何もせずにいる怠け者だ。

直訳は「腹を掻く」。

Орой сайн хоол иднээ гээд өдөржин гэдсээ сойх сайнгүй.
夜にたくさん食べるからといって、一日断食するのは良くない。

直訳は「腹を引っ張る」。

Энэ гэмгүй царайлсан хүнийг сайн ажваас гэдсээ чагнасан хэцүү хүн байх.
この悪意のない顔をした人をよく観察すると、腹に一物持つ難しい人のようだ。

直訳は「腹に聴く」。

Дорж минь битгий гэдэн хөдөлгөөд байгаарай.
ドルジよ、強情を張らないでいなさい。

Муу морь минь бүр гэдэс алдчихжээ.
私の馬は腹を壊してしまった。

直訳は「腹を失う」。

ГЭДЭС ГАРАХ	満腹する、腹いっぱいになる、太る
ГЭДЭС НУРУУНДАА НААЛДАХ	大変お腹がすく、腹ペコ、腹が減る
ГЭДЭС ЦАЙХ	乳製品をたくさん食べる、乳製品で腹を満たす
ГЭР БАРИХ	結婚する、家庭を築く、妻を娶る、婚姻関係を結ぶ
ГЭР ХАГАРТАЛ	大きな声で、声高に、高い声
ГЭРГИЙ АВАХ	嫁をもらう、妻を娶る、結婚する
ГЭРИЙН БАРАА ХАРАХ	家に帰る、自宅に戻る、家に入ってくる
ГЭРЭЭ МАРТСАН ГЭСЭР	自分の家に帰らない、家に戻らない、ブラブラする
ГЯЛ ЦАЛ	きれい、美しい、端正な

Хэдэн хоног хоол ундгүй явсан цэргүүд тосгонд ирж гэдэс гарцгаасан ажээ.
何日も飲まず食わずで行軍した兵士たちは、村に着いて腹いっぱいにした。

直訳は「腹が出る」。

Идэх уух юм байна уу？ Гэдэс минь нуруундаа наалдчихлаа.
食べるものはないか？　腹ペコになっちゃった。

直訳は「腹が背骨にくっ付く」。

Хүүхдүүд зуны гурван сард өвөөгийндөө очиж гэдэс цайгаад ирэв.
子供たちは夏の3ヶ月、祖父の所に行ってたくさん乳製品を食べて来た。

直訳は「腹が白くなる」。家畜が豊かに乳を出す季節に乳製品をふんだんに食べることからの表現。

Болд Доржийн охинтой гэр барих гэж байгаа гэнэ.
ボルドはドルジの娘と結婚しようとしているんだとさ。

直訳は「ゲルを建てる」。結婚すると新しいゲルを建てて親元から離れて暮らす。

Сарангэрэл гэр хагартал инээдэг хөөрхөн бор хүүхэн байлаа.
サランゲレルは大きな声で笑う愛らしい普通の女性だ。

直訳は「ゲルが割るほど」。

Бат цэргээс халагдаж ирээд гэргий авчээ.
バトは徴兵を終えて戻ってから妻を娶った。

Аав минь маш их ажилтай болохоор шөнөдөө л нэг гэрийн бараа хардаг юм.
父は大変忙しいため、いつも夜中に家に帰ってくる。

直訳は「家の姿を見る」。

Чи ойрдоо хаагуур яваад ирэв？ Ёстой гэрээ мартсан гэсэр болжээ.
お前は最近、どこへ行って来たんだ？　まったく、ブラブラするようになったな。

直訳は「家を忘れたゲセル（伝説の英雄）」。

Гомбын байшин нь засуулж дуусаад гял цал болсон.
ゴンボの建物は修理を終えてきれいになった。

Д

ДААГАА НЭХЭХ	再挑戦する、優勝目指して再度闘う、挽回をねらう
ДААХГҮЙ БУЛУУ	ХОЛТЛОХГҮЙ ААРУУЛ を見よ
ДААХГҮЙ НОХОЙ БУЛУУ ХУРААХ	能力以上に多くを望む、ほらを吹く、大風呂敷を広げる
ДАВ ДЭЭР	何よりも前に、先ず、最初に、口先に
ДАВАА ДАВАХ	難しいことを乗り越える、大仕事を終える、困難を克服する、成功する
ДАВААН ДЭЭР	～する際に、～する直前に、～する間際に
ДАВДАГГҮЙ ДАВАА	難しいこと、困難な仕事、大変なこと
ДАВИРХАЙ ХАЛААХ	持ち上げる、自惚れさせる、いい思いにさせる

Дэлхийн шатрын аврага байсан Карповын даага нэхэх тоглолт удахгүй эхэлнэ.
チェスの世界チャンピオンだったカルポフの再挑戦の試合が間もなく始まる。

直訳は「2歳馬をねだる」。相撲の優勝者に2歳馬で褒賞していたことから、負けても再度勝利に挑むことを表現。

Аав минь ширээ хийнэ гээд мод авчирсан, бас тавиур хийнэ гээд шил, хадаас хураагаад л байна. Даахгүй нохой булуу хураана гэгч л болж байх шиг байна.
父は机を作るといって木を買ってきて、また戸棚を作るといってガラスと釘を集めている。出来ないことをやろうとしているようだ。

直訳は「噛み切れない犬が髄骨を集める」。

Танай аав ч дав дээр дуугардаггүй хүн дээ.
あなたのお父さんというのは、人より先には意見を言わない人だ。

Нүүдэл суудал гэдэг нэг том давааг давлаа.
引越しという、一つの大仕事が終わった。

直訳は「峠を越える」。

Чамтай уулзах гээд гардагийн даваан дээр ашгүй чи өөрөө хүрээд ирлээ.
あなたと会おうと出かける間際に、ちょうど良くあなたがやって来た。

直訳は「峠の上」。

Хоол хийнэ гэдэг над шиг хүнд давдаггүй даваа.
料理を作るというのは、私のような者には大変なことだ。

Хүний давирхай халааж яах нь вэ дээ.
人を自惚れさせてどうするのか。

— 79 —

ДАВС ХУЖРЫГ НЬ ШОРВОГДУУЛАХ	度を超す、大げさ、誇張する、ホラを吹く
ДАВСАЛЖ ЯРИХ	誇張して話す、大げさに言う、過大に言う
ДАВСАНД ЯВАХ	寝る、眠る、睡眠を取る、休む
ДАВХАР БИЕТЭЙ	妊婦、妊娠した、懐妊した、身重な
ДАЙРАН ДЭЭР НЬ ДАВС ХИЙХ	痛み、苦しみを倍加させる、不運に追い打ちをかける、拍車をかける
ДАЛ ШОРООДОХ	闘いに負ける、倒れる、土俵の土が付く
ДАЛАН ДОЛОО ДАХИХ	何度も繰り返す、反復する、やり直す
ДАЛАН ДОЛООН ҮГ	言葉が多い、沢山の言葉、口数が多い
ДАЛАН ДОЛООН ҮГ ШАЛГААХ	あれこれ聞く、執拗に問いただす、無用な質問を多発する

Тэрбиш гуай заримдаа ч давс хужрыг шорвогдуулаад ярьж өгнө шүү дээ.
テレビシさんは時々、ホラ話をしてくれるよ。

Юмыг давсалж ярих хэрэггүй, үнэн юм үнэнээрээ сайхан.
物事を誇張して言う必要はない、真実は真実のままがいい。

直訳は「塩を付けて話す」。

Энэ хүүхэд давсанд явах нь, орыг нь засаад өгье.
この子は眠りそうだ、ベッドを整えてあげよう。

直訳は「塩を取りに行く」。かつて塩取りは長旅の重労働で道中、ラクダの背で寝て行ったことからの表現。

Эхнэр нь давхар биетэй тул Дорж гэрийнхээ хамаг ажлыг өөрөө хийнэ.
妻が身重なので、ドルジは家の仕事をすべて自分でする。

直訳は「二重の体」。

Тэр хоёрыг эв муутай гэж мэдсээр байж дайран дээр нь давс хийх хэрэггүй шүү дээ.
あの二人が仲が悪いことを知りつつ、それを倍加させるようなことをしてはいけないよ。

直訳は「傷口に塩を付ける」。

Их аврага энэ жилийн барилдаанд дал шороодоогүй.
横綱は、今年の相撲大会でも負けなかった。

直訳は「肩に土が付く」。

Өвөө нэг ярьснаа далан долоо дахин ярьж байна.
お爺さんは一度話したことを何度も何度も繰り返して話している。

直訳は「77回繰り返す」。数字の7は沢山、多いことの象徴。

Охин минь чи далан долоон үг дэлгээд юу хэлэх гээд байна даа?
娘よ、お前は口数が多いが、何を言おうとしているのかな?

直訳は「77の言葉」。

Бяцхан охин эмээ, ээж хоёроосоо далан долоон үг шалгааж байна.
小さな娘が祖母や母親にあれこれ聞いている。

直訳は「77の言葉を聞く」。

— 81 —

ДАЛАН ТАВААР БУУХ	負けを認める、完全に降参する、しっかり謝る
ДАЛАН ХЭЛТЭЙ	話好き、多弁な、おしゃべり、饒舌な
ДАМ ДАМАА	後に、その先に、後々に、さらに向こうに
ДАМЫГ НЬ АВАХ	習熟する、慣れる、熟練する、経験を積む
ДАНС БОДОХ	恨みを持つ、怨念を抱く、憎いと思う
ДАНС ДУГУЙЛАХ	終える、任務から離れる、役目を終える
ДАНС УЛАЙХ	赤字になる、お金がなくなる、マイナス決算になる
ДАРАА ҮЗЭХ	さげすむ、白眼視する、蔑にする、邪魔にする
ДОЛОО ДОРДОХ	まったく駄目になる、大変悪くなる、最悪になる
ДОЛООН БУЛЧИРХАЙГАА ТООЧИХ	（自分に関わる）些細なことを詳しく話す、小さなことにこだわる

Тэр залуу буруугаа ойлгоод даргадаа далан таваар бууж өглөө.   直訳は「75で降りる」。
その青年は誤りを理解して上司によく謝った。

Хүүхэд гэдэг амьтан далан хэлтэй.   直訳は「70の舌を持つ」。
子供という生き物は話好きだ。

Ийм асуудал даамжирвал дам дамаа их муу болно шүү.
こんな問題が進行すると、後々に大変悪いことになるぞ。

Батаа гуай ч ийм ажлын дамыг нь авсан хүн.
バターさんはこんな仕事には習熟している人だ。

Ам муруйсан хүнтэйгээ данс бодох гээд байгаа чинь сайн юм биш.   直訳は「勘定する」。
ケンカした相手に恨みを持っているのは良いことではない。

Дарга намайг дуудаад маргаашаас дансыг чинь дугуйлна гэж хэллээ.   直訳は「記録に丸を付ける」。
上司は私を呼んで、明日から任務を離れろと言った。

Данс улайхаас өмнө нэг арга олохгүй бол болохгүй нь ээ.
赤字になる前に何か手を打たなければならないよ。

Багш минь ажил мэдэхгүй намайг дараа үзэлгүй бүхнийг зааж өгдөг байсан юм.
先生は仕事ができない私を邪魔者だと思わないで、いろいろ教えてくれた。

Ходоод өвдөөд байхаар нь энэ эмийг уучихсан чинь өвчин нь бүр долоо дордчихлоо.   直訳は「七つ悪くなる」。
胃が痛むのでこの薬を飲んだら、病気がさらに悪化した。

Мөнх нэг яриад эхэлбэл долоон булчирхайгаа тооцоод дуусахгүй дээ.   直訳は「七つの筋を列挙する」。
ムンフはちょっと自分のことを話し始めると、些細なことに及んで終わらない。

ДОЛООН ГОЛТОЙ	生命に勢いのある、生命力のある、元気な、力強い
ДОЛООН ДОР	大変悪い、ずっと下、最悪、駄目
ДОЛООН ЖОРЫН	各種の、いろいろな、雑多な、種々の
ДОЛООН ЗӨВ	まったく正しい、まさにその通り、実に正しい
ДОЛООН УУЛЫН ЦААГУУР	ずっと遠くに、見えないところに、はるか彼方に
ДОЛООЧИХ ШАХАХ	へつらう、こびる、おべっかを言う、追従する
ДОЛЬ ЦОХИХ	経験を積む、熟達する、すべてを知り尽くす、厚顔になる
ДООШООГОО ОРОХ	①いやらしい話をする、下品な話をする、げびた話をする ②目上の者がレベルの低い話をする、上の者が下らない話をする
ДОР ХАЯАД	最低で、最小で、少なくて

Тэр дайнд таван удаа шархадсан боловч амь үлдсэн, ёстой долоон голтой хүн шүү.
彼は戦争で5回負傷したが生き残った、まったく生命力のある人だ。

直訳は「七つの命がある」。

Энэ номын сүүлчийн хэвлэл нь анхныхаасаа долоон дор болжээ.
この本の最近の印刷は、当初のものよりずっと悪くなった。

直訳は「七つの下に」。

Эхнэр нь нөхрийнхөө тухай долоон жорын юм яриад байлаа.
奥さんは自分の夫について、いろいろ話していた。

直訳は「七つの処方箋の」。

Хүний газар суугаа хүн нутаг орноо санадаг нь долоон зөв.
他郷に住んでいる人は故郷を思うというのは、まったくその通りだ。

直訳は「七つの正確」。

Энэ муухай юмыг долоон уулын цаагуур байлга.
この汚いものをずっと遠くに置いておけ。

直訳は「七つの山の向こう」。

Долоочих шахсан зантай хүн хэцүү.
おべっか使いの性格の人は困るね。

直訳は「舐めそうになる」。

Тэр доль цохисон хүн, ийм юман дээр нэг их сүйд майд болохгүй биз дээ.
彼は経験豊かな人だ、こんなことぐらいで落ち込んだりしないだろう。

①Тэр залуу муухай доошоогоо орох яриатай амьтан юм.
あの若者はくだらない下品な話をする奴だ。

直訳は「下の方に入る」。

②Дарга хүн жижиг сажиг юм ярьж доошоогоо орох хэрэггүй дээ.
上司が些細なことに口出ししてレベルを下げるのは良くないな。

Эдгээр номыг худалдаж авахад дор хаяад 5000 төгрөг хэрэгтэй.
これらの本を買おうとすれば、最低でも5000トグリグ必要だ。

ДОТОР АВАХ	（悪いものなどを食べて）腹を壊す、下痢をする、腹を下す
ДОТОР АРЗАГНАХ	嫌に思う、嫌う、嫌気がさす
ДОТОР ӨМРӨХ	心配する、哀れに思う、悲しむ
ДОТОР ПАЛХИЙХ	怖くて身震いする、怖さに震える、怯える、びくびくする
ДОТРОО ОНГОЙЛГОХ	心が落ち着く、安堵する、気持ちがほっとする
ДӨНГӨН ДАНГАН	やっとのこと、どうにかこうにか、辛うじて
ДӨРВӨН ЗҮГГҮЙ ААШЛАХ	むやみに怒る、当たりかまわず怒り散らす、見境なく怒る
ДӨРГҮЙ БУХ	頑固な、頑迷な、我が強い、見境なくなる、猪突猛進する
ДӨРӨӨ ЖИЙЛЦЭХ	ГЭДСЭНДЭЭ ХӨЛӨӨ ЖИЙЛЦЭХ を見よ
ДӨРӨӨ МУЛТЛАХ	目的地に到着する、一休みする、下馬する

Адууны мах идээд дотор авчихжээ.
馬肉を食べて腹を壊してしまった。

Хүн муутай хүнийг бодохлоор дотор арзагнах юм.
人間性の悪い人のことを思うと嫌気がさすよ。

直訳は「心の中がざらざらする」。

Хөөрхий өнчин хүүг бодохлоор дотор өмрөх юм.
親のないその子を思うと哀れに思うよ。

直訳は「心の中が壊れる」。

Даргыг ороод ирэхэд намайг загнана байх гэж бодоод дотор палхийгээд байлаа.
上司が入ってくると、私を叱るだろうと思って怖くて震えていた。

Дотны сайхан найздаа зовлонгоо ярьж дотроо онгойлголоо.
親しい友人に悩みを話して心が落ち着いた。

直訳は「心の中を開ける」。

Бие минь өвдөөд гэртээ дөнгөн данган хүрч ирлээ.
身体が痛んで家にやっとのことで帰って来た。

Тэгсэн чинь тэр авгай дөрвөн зүггүй аашилж гарлаа.
そうしたらその女は当たり構わず怒り散らして出て行った。

直訳は「四方なしに振る舞う」。

Хөгшин минь хүүхдийнхээ үгэнд орж үз, юунд ингэж дөргүй бух шиг зүтгэнэ вэ дээ.
おじいさん、子供たちの言葉に従ってごらん、どうしてこう頑固なのかね。

直訳は「鼻輪のない去勢してない雄牛」。

Хоёр гурав хоног явсны эцэст сая нэг дөрөөгөө мултлав.
2、3日走った結果、やっと目的地に到着できた。

直訳は「あぶみをはずす」。

— 87 —

ДӨРӨӨ ЧАНГАЛАХ	少し酒を飲む、ほろ酔いする
ДУР БУЛААХ	関心を引く、魅力的、素晴らしい
ДУРААРАА ДУРГИХ	好きなように振る舞う、自分勝手にする、身勝手にする
ДУТУУ АЛСАН МОГОЙ ШИГ	二つの間に揺れる、ああでもないこうでもない、はっきりしない
ДУУ ЦӨӨТЭЙ	無口な、口数が少ない、寡黙な
ДҮЛИЙ ДҮМБЭ	ぼんやりした、ボーとした、無知な
ДҮНДЭЭ ДҮН	そっくり似た、ほぼ同じ、ほぼ互角
ДҮРЭМ ҮЗҮҮЛЭХ	何かをしている振りをする、何かの振りをする
ДЭГС БУУДАХ	当てにならない、期待できない、大げさに言う

Туул голын хойт дэнжийн хоёр хотоор буудж дөрөө чангалаад орой нар ханын элгэнд байхад цааш мордлоо.
トラ川の北の高台にある二つの家に立ち寄って少しばかり酒を飲み、夕方、ゲルの腹を太陽がまださしている間に出発した。

直訳は「あぶみを強くする」。

Тэр дур булаасан гоё бүсгүй.
彼女は魅力的な美しい女性だ。

Тэр өөрөө мэдэхгүй мөртлөө хүнээс асууж хийхгүй, дандаа дураараа дургиж байдаг юм.
彼は自分で分からないくせに人に聞かずに、いつも好き勝手にする。

Хоёр гурав хоног дутуу алсан могой шиг л хэвтлээ, одоо нэг тийш нь шийдсэн нь дээр дээ.
2、3日、ああでもないこうでもないとゴロゴロした、もう先の事を決めた方がいいね。

直訳は「生殺しにした蛇のよう」。

Аав нь их дуу цөөтэй хүн байна.
父は口数の少ない人だ。

Тэр хажууд нь юу ч болж байсан огт мэдэхгүй юм шиг дүлий дүмбэ л сууж байх юм.
彼はそばで何が起こっても、まったく分からないかのようにボーと座っている。

Тэр хоёр гадаад хэлнийхээ мэдлэгээр дүндээ дүн.
あの二人は、外国語の知識の面ではまあまあほぼ互角だ。

Дэргэд минь хоёр хүн ярилцсаар байлаа. Би ч нам унтсан дүрэм үзүүлэн хэвтэж байв.
そばで二人が話していた。私は静かに眠った振りをして横たわっていた。

直訳は「規則を見せる」。

Гомбо ч заримдаа дэгс буудчихдаг хүн шүү.
ゴンボは、ときどき当てにならない人だよ。

直訳は「的を外して打つ」。

ДЭЛ СУЛ	くだらない、不要な、無益な、無用な
ДЭР НИЙЛҮҮЛЭХ	結婚する、男女が生活を共にする、男女が共に寝る
ДЭЭГҮҮР ДООГУУР ГҮЙХ	何かを求めて高官や役所に行く、あちらこちらを駆けずり回る
ДЭЭЛИЙН ГОЛ	能力のない人、無能な人、元気のない人、ダメな奴
ДЭЭЛТЭЙ НЬ ХАТААХ	心配をさせる、つらい思いをさせる、苦しい思いをさせる
ДЭЭЛЭЭ ТОЛГОЙ ДЭЭГҮҮРЭЭ НӨМРӨХ	刑務所に入る、罰を受ける、刑を受ける
ДЭЭР ДОРГҮЙ	上下の区別なく、すべて、皆で
ДЭЭР ДОРОО ОРОХ	戦う、争う、戦をする
ДЭЭР НЬ ГАРАХ ЮМ	乗り物、乗用馬、交通手段
ДЭЭСЭН ДӨРӨӨ ДЭЭР	不安定、危なっかしい、落ち着かない、どうにかクリアする

Заа чи дэл сул яриа битгий яриад бай!
さあ、お前はくだらないことを言わないでいろ!

Бид хоёр дэр нийлүүлсээр одоо хорин жил болж байна.　直訳は「枕を合わせる」。
私たち二人は結婚してから20年になる。

Дээгүүр доогуур гүйж байж бичиг баримтаа гүйцээлээ.　直訳は「上下へ走る」。
役所を駆けずり回って書類が出来上がった。

Тэр ажилд ямар ч нэмэргүй дээлийн гол.
彼は仕事にまったく役立たない無能な奴だ。

Ээждээ очиж золголгүй дээлтэй нь хатаачихгүй юмсан.　直訳は「着物のまま乾かす」。
お母さんのところに会いに行かずに心配をさせないようにしたい。

Тэр осол гаргаж, дээлээ толгойд дээгүүрээ нөмрөх шахаж гэнэ.　直訳は「頭の上に着物を被せる」。
彼は事故を起こして刑務所に入りそうになったそうだ。

Энэ асуудлын талаар дээр доргүй ярилцаж байна.
この問題に関して、皆で話し合っている。

Жамуха, Тэмүүжин хоёр дээр дороо орсоор эцэст нь Тэмүүжин дийлжээ.　直訳は「上になったり、下になったりする」。
ジャムハとテムジンの二人は戦ったが、最後にはテムジンが勝った。

Хэдэн адуугаа алдсаар байгаад одоо дээр нь гарах ч юмгүй үлдлээ.　直訳は「上に出るもの」。
何頭かの馬を失って、今は乗り物がなくなってしまった。

Өчигдөр шалгалт өгөөд дээсэн дөрөөн дээр тэнцлээ.　直訳は「縄で作った鐙の上」。
昨日試験を受けて危なかったが、どうにか合格した。

Е

ЕРТӨНЦИЙН МӨНХ БУСЫГ ҮЗҮҮЛЭХ	死ぬ、亡くなる、寿命が尽きる
ЕСӨН ЖОРЫН	ДОЛООН ЖОРЫН を見よ
ЕСӨН ШИДТЭЙ	技量に優れた、テクニックを持つ、色々な手法を持つ

Ё

ЁРООЛ УУДЛАХ	すべて明かす、全部を表に出す、暴露する、すべてばらす
ЁРООЛГҮЙ САВ	欲張り、欲深、欲が多い、どん欲

Ж

ЖАВТИЙ ХҮРТЭХ	怒られる、叱られる、罰を受ける
ЖАНЧ ХАЛАХ	(僧侶が) 亡くなる、死ぬ

Олон жил хамт ажилласан Дорж гуай минь
саяхан ертөнцийн мөнх бусыг үзүүлсэн гэж
дуулдлаа.
長い間一緒に働いたドルジさんが、ついこの間亡くなったと
聞いた。

Тэр жүжигчин чинь есөн шидтэй амьтан байна
билээ.
あの俳優は色々なテクニックを持つ人だ。

直訳は「9つの魔法を持つ」。9は7と並んで多い、沢山、大変などを象徴する数字。

Сүрэнгийн уур хүрч түүнийг ёроолыг уудалмаар
санагджээ.
スレンは腹が立って、それをすべて暴露したくなった。

直訳は「底を探し回る」。

Идээд идээд цадахгүй ёроолгүй сав биш дээ.
食べても食べても満腹しない欲深ではないよ。

直訳は「底なしの器」。

Бага байхдаа сахилгагүйтэж аав ээжээсээ зөндөө
жавтий хүртдэг байлаа.
子供の頃、よくいたずらをして父母に叱られたものだ。

Багш ламтан жанч халаад ердөө хоёр хоног
байна.
ご僧侶が亡くなって、ほぼ2日経っている。

ЖАНЧ ХАЛУУЛАХ	殺す、殺害する、人殺しをする
ЖАРАН ХАГАРХАЙ	口が軽い、おしゃべり、軽口をきく
ЖИН ТАН БОЛОХ	準備ができる、用意が整う、仕度が終わる
ЖОЛОО АЛДАХ	方向を失う、自制がきかなくなる、気ままにする
ЖОЛОО БАРИХ	指導する、指揮する、主導権を握る、指図する
ЖОЛОО СУНГАХ	長旅に出る、遠くに行く、旅に出る
ЖОЛОО ЦУЛБУУРГҮЙ ААШЛАХ	むやみに怒る、見境なく怒る、我慢できずに怒る
ЖОЛОО ХУМХИЛГҮЙ	止まらない、留まらない、停まらない

З

ЗАА ГЭВЭЛ ЁОГҮЙ	約束を守る、人の意見によく従う、前諾を守る

Гэмгүй хүнийг жанч халуулсан тэд нар ял авахаас яахав.
罪のない人を殺害した彼らが処罰を受けないでどうする。

Цаадах чинь жаран хагархай шүү, хамаагүй юм дэргэд нь бүү ярь.　　直訳は「60に割れた」。
あの人は口が軽いよ、だからそばでむやみに話すな。

Аялалд явахад жин тан болчихлоо.
旅行に行く準備が整った。

Би ч энэ их ажлын дунд жолоо алдчихаад байна.　　直訳は「手綱を失う」。
私はこの大仕事の最中に方向を見失ってしまった。

1952 онд Ю. Цэдэнбал төрийн жолоо барьсан юм.　　直訳は「手綱を握る」。
1952年にYu.ツェデンバルが国の指導権を握った。

Хүү минь холын газар эрдэм сурахаар хөлгийн жолоо сунгалаа.　　直訳は「手綱を伸ばす」。騎馬で長旅に出るときには手綱とアブミを長く伸ばしてゆっくり行く。
息子は遠いところへ勉強するために長旅に出た。

Тэр чинь ёстой жолоо цулбуургүй аашилдаг хүн байна билээ.　　直訳は「手綱なしに振舞う」。
彼はまったく、我慢できずに怒る人だ。

Би замдаа жолоо хумхилгүй давхиулсаар гэртээ харив.　　直訳は「手綱を引っ張らずに」。
私は道中、止まらないで駆けて家に帰った。

Манай дарга амархан зөвшөөрдөггүй, гэтэл заа гэвэл ёогүй хүн дээ.
私たちの上司は簡単に許可を出さない、しかし一度約束したら必ず守る人だよ。

ЗАА ЗЭЭ БОЛОХ	ЯГ ТАГ БОЛОХを見よ
ЗАГАТНАСАН ГАЗАР МААЖСАН ЮМ ШИГ	思いが一致する、思いがかなう、考えていたことをしっかり話す
ЗАДГАЙ АМТАЙ	おしゃべり、口が軽い、多弁、多言
ЗАЖИЛАХГҮЙ ЗАЛГИХ	（簡単に）押さえつける、支配する、簡単に勝つ
ЗАМ НЬ ШУЛУУДАХ	①困難がなくなる、障害が除去される、問題がなくなる ②死期が近づく、死ぬ、亡くなる
ЗАМАА АЛДАХ	人道に外れる、道に迷う、悪事をする
ЗАМАА ОЛОХ	良い方法を見つける、いい生き方を得る、事業が達成する
ЗАМЫГ НЬ ЗАСАХ	邪魔をなくす、妨げを取りはらう、障害を取り除く
ЗАМЫН БӨГЛӨӨ	邪魔、差し障り、障害物
ЗАН АВАХ	ЗАНГАА АВАЛЦАХを見よ

Хэлчих юмсан гэж байж ядаж байсан үгийг минь тэр хүн хэлж, загатнасан газар маажсан юм шиг боллоо.
話そうとして我慢していたことを彼が話してくれて、思いがかなったよ。

直訳は「痒いところを掻いたよう」。

Тэр чинь ёстой задгай амтай хүн.
彼はまったく、口が軽い奴だ。

直訳は「開いている口」。

Аврага Мөнхбат хэдий харьж яваа ч гэсэн чам шиг залууг зажилахгүй залгина.
横綱のムンフバトは、いかに衰えたといってもお前のような若僧は簡単に倒す。

直訳は「噛まずに飲み込む」。

①Хүний амьдралын зам шулуудна гэж үгүй биз дээ.
人生で困難なことがなくなるということはないだろう。

直訳は「道が決まる」。

②Одоо ч зам нь шулуудаж байх шиг байна даа.
もう死期が近づいているようだな。

Залуу хүн замаа алдаж болохгүй.
若いものは道を踏み外すようなことをしてはいけない。

直訳は「道を失う」。

Сайн хүний ачаар би замаа олсон шүү.
良い人のお陰で、いい人生を歩むことができた。

直訳は「道を見つける」。

Аав нь өнгөрөхөөсөө өмнө хүүгийнхээ замыг засаж дээ.
父親は亡くなる前に、息子のために障害を取り除いてくれた。

直訳は「道を整える」。

Энэ урьдах машин явж өгөхгүй замын бөглөө болоод байх юм.
この前を走っている車は遅くて邪魔だ。

直訳は「道の栓」。

ЗАНГАА АВАЛЦАХ	慣れる、性格を知る、親しくなる、習性を掴む
ЗАНГУУНЫ ҮЛГЭР	実現不可能、実行できないこと、まったく無理
ЗАХААС АВААД	どこでも、あちこちで、至るところで、ごく当たり前、簡単
ЗАЯА ХАЯХ	АЗ ХАЯХを見よ
ЗОВЛОН УДАХ	АЖИЛ УДАХを見よ
ЗОВХИ НЬ БУУХ	後悔する、懺悔する、残念に思う、悔む
ЗОГДОР ХӨДӨЛГӨХ	ラクダをゆっくり走らせていく
ЗОДОГ ТАЙЛАХ	力士をやめる、相撲界から引退する
ЗОЛБИН НОХОЙ	放浪者、浮浪者、宿なし
ЗООСНЫ НҮХЭЭР ХАРАХ	功利的に動く、物事に有利な方に動く、利益ばかり追求したがる
ЗӨВ ЭЛЭГТЭЙ	感じの良い、好感がもてる、親しみのもてる

Би Болдтой олон жил хамт ажиллаад зангаа авалцсан юм.
私はボルドと長年、仕事を一緒にして親しくなった。

Бид хоёр энэ байшинг сарын дараа барьж дуусгана гэдэг ёстой зангууны үлгэр байхаа.
私達2人がこの建物を2カ月後に建て終わるというのは、まったく無理なことだ。

Ийм гутал захаас аваад олдно.
こんな靴はどこででも手に入るよ。

Болд ээждээ загнуулаад зовхи нь буучихсан сууж байна.
ボルドは母に叱られて後悔している。
直訳は「瞼が垂れる」。

Гурван найз минь зогдор хөдөлгөн инээлдсээр гэрийн гадаа хүрч ирэв.
私の3人の友人がラクダをゆっくり走らせ、笑いながら家のそばにやって来た。
直訳は「ラクダの喉もとの長毛を揺らす」。

Аврага зодог тайлах болоогүй байна.
横綱はまだ引退しないよ。
直訳は「相撲の衣を脱ぐ」。

Тэр хүн чинь хаачдаг юм бэ, золбин нохой шиг л алга болох юм.
あいつはどこへ行っちゃったのだろう、放浪者のようにいなくなってしまった。
直訳は「野良犬」。

Одоо цагт бүхнийг зоосны нүхээр харах хүн олон болж дээ.
現在では功利的に動く人が多くなったよ。
直訳は「銭の穴からものを見る」。

Тэр залуу их зөв элэгтэй хүн.
あの青年は大変感じの良い人だ。
直訳は「いい肝臓を持つ」。

ЗӨГИЙ ШИГ	騒々しい、大騒ぎ、面倒な
ЗӨӨЛӨН ХООЛ	簡単な仕事、与しやすい人、安直なこと
ЗӨӨЛӨН ЧИХТЭЙ	人の意見を良く聞く、聞く耳を持つ、心が柔軟、従順な
ЗУЛАЙ ЗУЛАЙГАА ГИШГЭЖ ГАРАХ	次々と子供が生まれる、年子が生まれる、子供が毎年生まれる
ЗУРСАН ЮМ ШИГ	とても美しい、大変きれい
ЗУУЗАЙ ХОЛБОХ	一緒に行く、連れだって行く、足を合わせる
ЗУУН ЗАДГАЙ ЖАРАН ХАГАРХАЙ	何の準備もできていない、用意がない、準備がなくて手がつけられない
ЗУУН ЯМААНД ЖАРАН УХНА	リーダーが多すぎる、船頭が多すぎる、舵を取る人が多い

Энэ хоёр нөхөр зөгий шиг дүнгэнээд ажил хийлгэдэггүй.
この二人の仲間は、いつも騒々しくしていて仕事をさせてくれない。

直訳は「蜂のよう」。

Энэ тэмцээнд ч зөөлөн хоол олдохгүй байна шүү.
この試合にも、与しやすい相手は見つからないだろう。

直訳は「柔らかい食べ物」。

Батыг зөөлөн чихтэй юм болохоор нь хүн болгон зарах гэх юм.
バトが人の言うことをよく聞くものだから、皆が利用しようとしている。

直訳は「耳が柔らかい」。

Зулай зулайгаа гишгэж гарсан ах дүү хоёртоо би хайртай.
年子として生まれた兄弟は私の宝ものだ。

Зурсан юм шиг сайхан байгальтай газар олон бий.
とても美しい、素晴らしい自然のある所は多い。

直訳は「絵に描いたよう」。

Бат багын анд Доржийгоо гүйцэн ирж зуузай холбон давхив.
バトは義弟のドルジを追いかけてきて、連れだって駆けて行った。

Намрын тариа хураалт эхлэх болчихоод байхад тэр сангийн аж ахуйн ажил зуун задгай жаран хагархай болчихсон байлаа.
秋の収穫が始まっているが、その国営農場は準備ができておらず開始できなかった。

Манай байгууллагын дотор хэлтсийн дарга, тасгийн дарга гээд олон даргатай. Зуун ямаанд жаран ухна болж байна.
うちの組織は局長、課長といって管理職が多い。船頭が多すぎるよ。

直訳は「100頭のヤギに60頭の種雄ヤギ」。100頭の群れに60頭もの雄ヤギでは雌ヤギをめぐって争いになることからの表現。

ЗҮРХ АВАХ	怖気づく、臆病になる、怖がる、恐ろしがる
ЗҮРХ АЛДАХ	怖気づく、臆病になる、怖がる、恐ろしがる
ЗҮРХ АМААРАА ГАРАХ	大変怖がる、大変驚く、驚愕する
ЗҮРХ ГАРГАХ	勇気を出す、大胆に振る舞う、元気を出す、意気が上がる
ЗҮРХ МУУТАЙ	臆病な、用心深い、小心な、腰ぬけ、卑怯な
ЗҮРХ НЬ ҮХЭХ	勇気を失う、怖気ずく、躊躇する、用心深くなる
ЗҮРХ ОРОХ	勇気が出る、元気になる、勇敢になる
ЗҮРХ ӨВДӨХ	悩む、精神的に苦しむ、嘆く、悲しむ
ЗҮРХ САВАХ	ソワソワする、落ち着かない、怖い
ЗҮРХ ХАГАРАХ	恐れて震える、怖くて身震いする、大変恐れる、怯える

Ноднин би Хадбаатарт нэг чанга хаяулснаас хойш зүрх авчихсан юм.
私は去年、ハドバートルに一度徹底的に負けた後、怖気づいてしまった。

Би дахиад тэр ууланд авирна гэхээс зүрх алдаад байна шүү.　　直訳は「心臓を失う」。
私は再びあの山に登ることに怖気づいているよ。

Гэнэт цонхоор бөөн улаан гал ороод ирэхээр зүрх амаараа гарчих шахсан шүү.　　直訳は「口から心臓が出る」。
突然、窓から真っ赤な火が飛び込んできてほんとうに怖かったよ。

Би зүрх гаргаад багшийн гэрийн үүдийг цохив.
私は勇気を出して先生の家の扉を叩いた。

Зүрх муутай хүн бол үзмээргүй кино байна.　　直訳は「心臓が悪い」。
臆病な人なら見たくない映画だね。

Баатар барилдна гэхээс зүрх нь үхдэг болжээ.　　直訳は「心臓が死ぬ」。
バータルは闘いに怖気ずくようになってしまった。

Олон сайхан нөхдөө бодоод зүрх оров.
たくさんの親しい友人たちのことを思い出して元気が出た。

Хөөрхий тэр эх үр хоёрын тухай яриаг сонсоод зүрх өвдчихлөө.
あの可愛いそうな親子の話を聞いて心がとても痛んだ。

Осол гарсан газар санаандгүй очоод, зүрх савчихлаа.　　直訳は「心臓を叩く」。
事故が起こった場所に不意に行って、とても怖かった。

Тэр том нохой над руу дайрахад зүрх минь хагарах дөхлөө.　　直訳は「心臓が壊れる」。
その大きな犬が私に向かって飛びかかってくると、怖くて身震いがした。

— 103 —

ЗҮРХ ХҮРЭХГҮЙ	決心できない、決断できない、決意できない
ЗҮРХ ЧИЧРЭХ	大変怖がる、恐れる、狼狽する、恐れ慌てる
ЗҮРХНИЙ ХИЙТЭЙ	①急に、突然に、不意に、短気な、怒りっぽい ②ごう慢な、高慢な、自惚れた
ЗҮРХЭНД НЬ ШАР УС ХУРУУЛАХ	怖がらせる、脅かす、恐れさせる
ЗҮРХЭНД ОРОХ	思い出すだけで怖くなる、恐ろしくなる
ЗҮРХЭНД ХҮРЭХ	油っぽいものを食べ過ぎる、食べ過ぎて胃が重くなる
ЗҮРХЭЭ ЧАНГАЛАХ	（酒の勢いを借りて）意気込む、勇気を出す、勇気を奮う、決心する
ЗҮРХЭЭ АВАХУУЛАХ	ЗҮРХ АВАХ を見よ
ЗҮҮ ОРОХ ЗАЙГҮЙ	仲が良い、とても仲良し、親密
ЗҮҮД ЗЭРЭГЛЭЭ ШИГ	元気のない、気力を失う、衰弱した、弱い、頼りない

Би тэр хүүхэнд хайртай гэдгээ хэлэх гэсэн
болович зүрх хүрэхгүй байна.
私はあの女性に愛していると言いたいのだが、決断できないでいる。

Ёо,ёо зүрх чичирчихлээ, яасан аймаар юм бэ.　　　　　直訳は「心臓が揺
ああ、怖かった、何と恐ろしいんだ。　　　　　　　　　　れる」。

①Зүрхний хийтэй юм шиг уурлах нь юув дээ.　　　　直訳は「心臓に空
突然怒り出すというのはどういうことだ。　　　　　　　　気が入っている」。
②Баатар зүрхний хийтэй хүн биш,их сайхан
дөлгөөн хүн.
バータルはごう慢な人ではない、とても素晴らしい穏やかな人だ。

Аврага залуу бөхчүүлийн зүрхэнд шар ус
хуруулжээ.
横綱は若い力士たちにとって怖い存在だ。

Тэр айлын гадаа байсан хар нохой зүрхэнд
орчихжээ.
その家の外にいた黒い犬が怖かった。

Энэ мах зүрхэнд хүрч байна.
この肉は脂肪が多くて胃が重いよ。

Дамба нэгэн хүйтэн шөнө зүрхээ чангалж авaад,　　直訳は「心臓を強
хайрт хүнийхээ суудаг хотын зүг мордож давхив.　　くする」。
ダンバはある寒い夜中、意を決して馬に乗って恋人の住む
町へ駆けて行った。

Тэр хоёр охин зүү орох зайгүй байж билээ.
あの2人の娘たちは、とても親しかった。

Дулмаа хүнд өвчинд шаналаад, ёстой л зүүд　　　　直訳は「夢、蜃気
зэрэглээ шиг болжээ.　　　　　　　　　　　　　　　楼のよう」。
ドルマーは重い病気にかかって、まったく元気を失った。

ЗҮҮД ШИГ	信じられないこと、現実的でない、儚い、頼りないこと
ЗҮҮДЛЭХЭЭ ШАХАХ	思慕する、憧れる、我慢できないほどに恋焦がれる
ЗЭВ ХОШУУЛАХ	中傷する、そしる、非難する、悪口を言う
ЗЭЛТЭЙ УНАГА ШИГ	居続ける、同じ場所から動かない、留まっている
ЗЭС НЬ ЦУХУЙХ	ГУУЛЬ НЬ ЦУХУЙХを見よ
ЗЭЭЛ АЛДСАН ХЯТАД ШИГ	気分が落ち込む、悲しみに打ちひしがれる、苦悩する

И

ИДЭШ БОЛОХ	騙される、利用される、欺き利用される
ИЛЖИГ ШИГ	①頑固な、頑迷な、強情な、かたくなな、天の邪鬼な ②休むことを知らない、一途に働き続ける、一心不乱にする、ひたむきにする

― 106 ―

Хайрт минь чамайгаа хүрээд ирсэн гэж бодохлоор зүүд шиг санагдаад байх юмаа.
愛する君がやって来たとは、考えても信じられないことに思える。

Хайрт минь чамайгаа би чинь зүүдлэхээ шахаж байна.
愛するお前のことを私は我慢できないほど恋焦がれている。

直訳は「夢に見そう」。

Хэн аавд зэв хошуулсан юм бол？
誰が父に悪口を言ったのか？

Доржийн машин гаднаа зэлтэй унага шиг хэд хоноллоо.
ドルジの車は外に何日か停まっていた。

直訳は「繋がれた子馬のよう」。牝馬の乳を搾る時、子馬を紐で繋いでおくことから生じた表現。

Бат зээл алдсан хятад шиг өдөржин ганцаараа өрөөндөө хэвтэв.
バトは気分が落ち込んで一日中、部屋で横になっていた。

直訳は「借金を取り返せない中国人のよう」。

Тэр асуудлыг сайн бодож хийхгүй бол хүний идэш болно шүү.
問題をよく考えてからやらないと騙されるよ。

直訳は「餌になる」。

①Манай өвгөн илжиг шиг зүтгээд хүний үг авахгүй юмаа.
うちのおじいさんは頑固を通して意見を聞かない。

直訳は「ロバのような」。

②Тэр үеийнхэн чинь илжиг шиг зүтгэж байж энэ бүгдийг бүтээсэн юм шүү дээ.
当時の人々は一途に働いて、このすべてを完成させたんだよ。

ИЛҮҮ ҮГ	実のない言葉、不要な言葉、饒舌
ИЛҮҮ ҮЗЭХ	羨む、うらめしく思う、ねたましく思う
ИЛҮҮ ХАРАХ	エスカレートする、更に進める、もっと欲しがる、欲張る
ИЛЭН ДАЛАНГҮЙ	包み隠さず、腹蔵なく、あからさまに、隠し事なく
ИНГЭ ШИГ	慈悲深い、情のある、温厚な、柔和な性格の
ИНЭЭД МУУТАЙ	すぐ笑う、笑いを我慢できない
ИРЖ БАЙГАА ЦАГ	暖かい季節、迎える季節、新春
ИХ АМЬТАН	傲慢、高慢、尊大な人、横柄な人、不遜な人
ИХ БАГАГҮЙ	大小すべて、大人から子供まで、すべて、皆
ИХ ГАР	策略の多い、大規模の、力のある

Миний аав уулаас илүү үгэнд дургүй хүн.
私の父はもともと内容のない言葉が嫌いな人だ。

Илүү үзээд байх юмгүй, бусдын адил жирийн л амьдарч байна.
羨まれることはないよ、人と同じような普通の生活をしている。

Энэ ажлаа хийгээд явахад амьдрал болохгүй юм алга, илүү хараад яахав.
この仕事を続けていて暮らしに合わないことはない、欲張らないほうがいい。

Тэр надад хамаг амьдралаа илэн далангүй ярилаа.
彼は私に自らの人生のすべてを包み隠さず話した。

Манай ээж гэж ингэ шиг сэтгэлтэй хүн шүү.
うちの母は慈悲深い心の人だよ。

直訳は「雌ラクダのような」。母ラクダは子ラクダが死ぬと涙を流す優しさを持つとされている。

Оюунаа инээд муутай юм болохоороо Батын яриаг сонсоод үхтлээ инээлээ.
オヨナーさんはすぐ笑う性質なので、バトの話を聞いて我慢できずに大笑いした。

Ирж байгаа цаг болохоор гадаа дулаахан байна.
春の季節だから、外は暖かいね。

Тэр чинь юу ч мэдэхгүй мөртлөө их амьтан.
彼は何も知らないくせに傲慢な奴だ。

Их багагүй наадамд явцгаалаа.
大人から子供まで皆、ナーダム祭に行った。

Болд ч их гарын эр дээ.
ボルドというのは策略の多い男だ。

直訳は「大きな手」。

ИХ САНАСАН ГАЗАР ЕСӨН ШӨНӨ ХООСОН ХОНОХ	期待が外れる、絶望する、がっかりする
ИХ ҮГ	尊大な言葉、(子供の) 大人びた言葉、ませた言葉
ИХ ХӨЛИЙН	①多くの人が集う、人口が多い ②偉い、大物、大型
ИЧИХ НҮҮРЭНДЭЭ ИЛЭГ НААХ	恥知らず、破廉恥、厚顔な、無恥な
ИЧИХ НҮҮРЭЭ БАРСАН	恥知らず、破廉恥な、厚顔な、厚顔無恥な
ИШ МУХАРГҮЙ	訳が分からない、理由が見つからない、意味が分からない
ИШИГ ХАЯЧИХ	大変寒い、とても冷える、凍える

М

МАГНАЙ ТЭНИЙХ	大喜びする、喜ぶ、感激する
МАГНАЙ ЦОХИХ	優秀な、先頭に立つ、頂上に登る

Танай эндээс л хамаг хэрэгтэй чухал юмаа олж авна гэж бодож ирсэн юм. Гэтэл их санасан газар есөн шөнө хоосон болчихлоо.
あなたの所で必要なものすべてを得ようと思ってやってきた。しかし期待外れになってしまった。

Чи яасан их үгтэй хүүхэд вэ?
お前はなんと偉そうなことをいう子なの?

①Токио гэдэг үнэхээр их хөлийн газар даа. 直訳は「大きな足の」。
東京と言うのは、本当に人が多いところだ。
②Тэр хүн аргагүй их хөлийн бизнесман болжээ.
彼はやはり偉い商売人になった。

Чи яасан ичих нүүрэндээ илэг наасан амьтан бэ!
お前は何と恥知らずの奴なんだ!

Тэр залуу чинь ёстой ичих нүүрээ барсан амьтан байна.
あの若者は、まったく恥知らずな奴だ。

Иш мухаргүй юм яриад байх юм.
意味の分からないことを話している。

Яасан хүйтэн байнаа, гэртээ хүрэхээс өмнө ишиг хаячих шахлаа. 直訳は「ヤギが寒くて流産する」。
なんて寒いんだろう、家に着くまでに凍えてしまいそうだ。

Аав ээж хоёр нь хүүтэйгээ уулзан магнай тэнийлээ. 直訳は「額が伸びる」。
両親は息子と再会できて大喜びした。

Олны дундаас энэ аргагүй л нэг магнай цохисон хүн юмаа. 直訳は「額を打つ」。
大勢の人の中で、この人は確かに最優秀な人だ。

МАГНАЙГАА ХАГАРТАЛ БАЯРЛАХ	大喜びする、歓喜する、大変嬉しがる
МАЛ БОЛОХ	泥酔する、意識を失くすほど酔う、大変酔っぱらう
МАЛ ШИГ	愚かな、馬鹿な、下らない、愚か者
МАЛД НҮДТЭЙ	家畜のことに詳しい、家畜の世話が上手
МАНЖ ҮГ	お世辞、うわべを飾った言葉、表面的な言葉
МАХ БОЛОХ	疲れ果てる、疲れてぐったりする、疲れてヘトヘトになる
МАХ ШӨЛ ТЭНЦҮҮ	太っても痩せてもない、均整のとれた体格、中肉中背
МАХАА ИДЭХ	大変苦労する、苦しむ、困難を味わう
МОГОЙД ХАТГУУЛСАН ЮМ ШИГ / МЭТ /	急に、突然、いきなり
МОД БОЛОХ	体が凍える、身体が冷え込む、体がしびれて固くなる
МОД ТОЛГОЙ	煙管

Аав минь ачтай болоод магнайгаа хагартал баярлаж билээ.
父親は孫が産まれて大喜びした。

直訳は「額が割れるほと喜ぶ」。

Тэр намайг очиход бүр мал болчихсон байв.
私が行くと、彼は完全に泥酔してしまっていた。

直訳は「家畜になる」。

Ямар муухай хэрэг хийгээ вэ, мал шиг юм.
何と下らないことをしているのか、愚かなことだ。

直訳は「家畜のよう」。

Манай энэ хүү малд нүдтэй хүү шүү.
うちのこの子は家畜のことに詳しい子だよ。

直訳は「家畜に目がある」。

Манай дарга сайхан манж үгтэй хүн.
私たちの上司はきれいごとばかり言う人だ。

Өдөржин газар ухсаар байгаад бүр мах болчихлоо.
一日中、穴を掘っていてすっかり疲れ果ててしまった。

直訳は「肉になる」。

Мах шөл нь тэнцүү сайхан залуу байна.
均整のとれたいい体格をしている青年だ。

直訳は「肉と汁が均等」。

Бид энэ хөлдүү газар нүх ухах гэж махаа идэж байна.
私たちは、この凍結した土地を掘り返そうと大変苦労している。

直訳は「自分の肉を食べる」。

Тэр могойд хатгуулсан юм шиг гэрээс гүйж гарав.
彼は突然、家から駆けだして行った。

Гадаа хүйтэнд удаан зогссон чинь мод болчихлоо.
外に長く立っていたので、すっかり凍えてしまった。

直訳は「棒になる」。零下40度にも達する酷寒の表現。

Өвөө мод толгойгоо аваад тамхиа нэрэв.
お爺さんは煙管を手に持ってタバコを吸った。

直訳は「木の頭」。

МОДОН ӨМД ӨМССӨН ЮМ ШИГ / МЭТ /	座らない、立ったままでいる、突っ立っている
МОДОО БАРИХ	貧乏になる、赤貧を味わう、乞食になる、物乞いをする
МОЛИГО ҮМХҮҮЛЭХ	だます、嘘をつく、偽る、欺く
МОНГОЛ ЭЛЭГТЭЙ	モンゴルに親しみを持つ、モンゴル好き、モンゴル通
МОНГОЛОО АЛДАХ	モンゴルの習慣を失う、モンゴル人らしくなくなる、外国かぶれする
МОРДОХЫН ХАЗГАЙ	最初から間違って成果が得られない、出だしから失敗、しょっぱなから駄目
МОРИЙ НЬ УНУУЛАХ	МОРИЙГ НЬ ЭМЭЭЛЛЭХ を見よ
МОРИЙГ НЬ ЭМЭЭЛЛЭХ	手助けする、支援する、(主に病人の) 死を早める、悪化させる
МОРЬ МУУТАЙ	運が悪い、ついていない、不運、不幸

Хүү минь чи модон өмд өмсчихсөн юм шиг яагаав, наашаа суу.
息子よ、お前はどうして突っ立っているの、こっちへ座りなさい。

直訳は「木のズボンをはいているよう」。

Тарьсан ногоогоо зах зээл дээр зарж чадалгүй модоо барих шахлаа.
作った野菜を市場で売れなくて、貧乏になりそうだった。

直訳は「木を掴む」。「杖を使う」の意で徒歩を意味し、馬を持たない貧乏人を指す。

Тэр охин надад молиго үмхүүлчихлээ.
あの娘は私に嘘をついた。

Тэр хүн гадаад хүн боловч их монгол элэгтэй хүн шүү.
あの人は外国人だけど、大変モンゴル好きな人だよ。

直訳は「モンゴルの肝臓を持っている」。

Зарим хүн монгол ёс заншлаа мэдэхгүй монголоо алдаж байна.
一部の人がモンゴルの文化、習慣を知らずに、モンゴル人らしくなくなっている。

直訳は「モンゴルを失う」。

Энэ ажилд орсон анхны өдөр л буруутаж, мордохын хазгай болсон хүн дээ.
この仕事を始めた最初の日がダメになって、出だしから失敗した人だよ。

Бие муутай хүнийг хол газар авч яваад, морийг нь эмээллэчих шиг боллоо.
体調の悪い人を遠くへ連れて行ったことが、死を早めてしまったようだ。

直訳は「人の馬に鞍をつける」。

Та нар хоолоо идэж байна уу？ Би морь муутай хүн биш юмаа.
あなた方はちょうど食事中ですか？ 私は運が悪い人間じゃないね。

直訳は「馬が悪い」。遊牧民の暮らしは馬と密接に結び付いており、その善し悪しは大事な価値基準。

— 115 —

МОРЬ НОХОЙ МЭТ / ШИГ /	忠実、正直、温和
МОРЬ САЙТАЙ	運がいい、ついている、幸運、好運
МОРЬ ХАРАХ / ГАЗАР /	トイレに行く、用を足す、便所に行く
МОРЬТОЙ ХҮН БУУЖ ХАРАМ	とても美しい、恰好よい、素敵な
МӨНГӨ ИДЭХ	金を着服する、金を使い込む、金銭を横領する
МӨНГӨ УУХ	たくさんの収入を得る、儲ける、高い所得を得る
МӨНГӨӨР ЗОДОХ	金の力で実現する、金に任せてする、金で相手に強要する
МӨР АЛГАДАХ	人に取り入る、へつらう、おべっかを使う、親しみを示す
МӨР БҮТЭН	着るものに困らない、衣類に不自由がない

Та ажлынхаа төлөө морь нохой мэт зүтгэсэн дээ.
あなたは仕事のために一所懸命に努力したね。

Манайх хоолоо одоо л яг гаргаж байна. Та ч морь сайтай хүн юм даа.
うちは今、ちょうど食事ができたところだ。あなたは運がいい人だね。

直訳は「馬がいい」。MOPЬ MУУTAЙ を参照。

Гадаа гарч морь хараад ирнэ.
外で用を足してくる。

直訳は「馬を見る」。遊牧民の住居にトイレはない。「ちょっと馬の様子を見てくる」と外に出て用を足す。

Цэвэлмаа гуай ёстой морьтой хүн бууж хармаар сайхан хүүхэн байсан гэсэн.
ツェベルマーさんはまったく恰好のよい素晴らしい女性だったそうだ。

直訳は「馬上の人が降りて見る」。

Тэр албан газрын их мөнгө идсэн хүн гэнэ.
あの人は公機関の大金を横領した人だとさ。

直訳は「お金を食べる」。

Уурхайд ажиллахаараа мөнгийг ч нэгууна биз дээ.
鉱山で働くと、たくさんの収入を得るんだろうね。

直訳は「お金を飲む」。

Сүрэн баян хүн болохоороо мөнгөөр зодож хамаг хэргээ бүтээж байдаг хүн.
スレンは金持ちで、金に任せてすべてのことを実現している人だ。

直訳は「お金で殴る」。

Тэр хүн хүний мөрийг нь алгадаад ажлаа бүтээж чадна.
彼はみんなにおべっかを使って、自分のことを成功させることができる。

直訳は「手のひらで肩を叩く」。

Аав ээжийнхээ ачаар мөр бүтэн өссөн шүү.
両親のお陰で着るものには困らないで育ったよ。

— 117 —

МӨР МӨРӨӨ ХӨӨХ	別々に行動する、別れる、各々の道を歩む
МӨР ХӨӨХ	一つのことに熱中する、集中してやる、一つのことを身につける
МӨР ЧАЦУУ	同じ、等しい、同等
МӨРӨНДӨӨ УГЛАХ	着る、着用する、身につける、羽織る
МӨРӨӨРӨӨ АМЬТАН	他人は眼中にない、人を気に掛けない、無関心、迷惑かをけない
МУУ АМТАЙ	不平・不満ばかり言う、陰気なことばかり言う、悪口、毒舌をいう
МУУ ҮГ МОДОН УЛААТАЙ	悪事千里を走る、悪い噂は早く広がる
МУУ ХИЙХ	羊などをと殺する、家畜を処理する、家畜を処分する
МУУГАА ҮЗЭХ	苦しむ、悩む、苦痛を味わう
МУУГАА ХАЯЛАХ	悪い性格が出る、悪癖が表に出る、悪癖が知られ始める

Салах гэж салсангүй одоо ингээд мөр мөрөө хөөе дөө.
別れたくて別れたわけではないが、もうこれで別々の道を歩んでいこう。

直訳は「それぞれの道を追う」。

Би эрдэм номын мөр хөөж хотод орж ирсээр уджээ.
私は学問を身につけようと街にやって来て時間がずいぶん経った。

Дэлхийн түмэн улстай эрдэм боловсрол мөр чацуу болохыг хичээх цаг ирсэн нь сайхан байна.
世界の多くの国々と教育を同等にすべく努力する時代が到来したことは素晴らしい。

直訳は「肩が同じ」。

Дээр үед мөрөндөө углах хувцасгүй ядуу хүн олон байсан гэнэ.
昔は着る洋服もないほど貧乏な人が多かったそうだ。

Баатар наанаа ширүүн юм шиг боловч цаанаа мөрөөрөө амьтан.
バータルは自分には厳しいようだが、他人には無関心な奴だ。

Заа боль доо, чи яасан муу амтай юм бэ.
さあ止しなさい、君は何と不平ばかり言うんだ。

直訳は「口が悪い」。

Муу үг модон улаатай гэгчээр яриа тэр дорхоноо тарчихлаа.
悪事千里を走るというごとく、あの噂はすぐに広まってしまった。

直訳は「悪い言葉は木の乗り物を持つ」。

Зочин ирж манайх нэг хонь барьж муу хийлээ.
客がやってきたので、うちは羊を一頭処分した。

直訳は「悪いことをする」。

Сайхан ханиасаа салаад ёстой муугаа үзэж явна.
良い伴侶と別れた後、ほんとうに苦しみを味わっているよ。

Тэр залуу одоо л муугаа хаялж эхэллээ.
あの若者は、もう悪い癖が出始めた。

МЭДЭЭ АЛДАХ	意識を失う、感覚を失くす、自覚がない、意識が鈍る
МЭДЭЭ ОРОХ	①意識が戻る、感覚を取り戻す、感ずる ②知恵がつく、自覚する、物事を理解する、物心がつく
МЭНГЭ НЬ ГОЛЛОХ	不幸、災難などが一度に重なる、泣きっ面に蜂
МЭНДЭЭС ЦААШГҮЙ	親しくない、よく知らない、知り合いでない
МЭР СЭР	時々、少し、しばしば

Н

НААНА УУ ЦААНА УУ ГЭЖ ЯВАХ	声をかける、親切にする、気さくな
НААНА ЦААНАГҮЙ	隠し事なく、あからさまに、裏表なく、問題なく
НААШАА ЭРГЭХ	回復する、改善される、良くなる

Миний хөл мэдээ алдчихлаа.
私の足は感覚を失ってしまった。

①Хөлдсөн хөл нь одоо л мэдээ орж байна. 直訳は「意識が入
凍えた足が、やっと感覚が戻って来た。 る」。

②Бид хоёр мэдээ орсон цагаас хойш үргэлж хамт тоглодог байлаа.
私たちは物心がついてから、ずっと一緒に遊んでいた。

Хамаг ажил бүтсэнгүй, ёстой мэнгэ нь голложээ.
仕事が全部うまくいかなかった、本当に悪いことが重なってしまった。

Бид мэндээс цаашгүй байдаг байсан юм, харин 直訳は「挨拶の向
саяхнаас Дулмаа их танимгайрхан яриа хөөрөө こうはない」。
дэлгэх гэдэг болсон байна.
私たちはよく知らない仲だったが、最近、ドルマーとは大変親しく会話を楽しむようになったよ。

Замд мэр сэр адуу харагдаж л байлаа.
道中、時々馬が見えていた。

Тэр таних танихгүй хүнтэй наана уу цаана уу гэж явдаг сайхан зантай хүн.
彼は誰にでも話しかけることができる気さくな性格の人だ。

Бид чинь хүүхэд байхаас л наана цаанагүй олон 直訳は「あっちも
жил сайхан үерхэж байна. こっちもない」。
私たちは子供の頃から隠し事なく、長年親しくしてきた。

Дулмаа гуайн бие яаж байна ? Өчигдрөөс 直訳は「こちらに
наашаа эргэсэн шүү. 回る」。
ドルマーさんの調子はどうですか？ 昨日から回復しているよ。

— 121 —

НААШТАЙ ЦААШТАЙ	弾力のある、柔軟に、寛容に
НАЙМАН ЯСАНД ХЭЛХСЭН	大変痩せた、痩せこけた、骨と皮だけ
НАМ ЖИМ	静か、のんびり、平穏、穏やか
НАМАЛДГИЙГ НЬ НЭЭХ	げんこつで殴る、暴力を振るう、叩く、鼻を殴る
НАР БИТҮҮ	夜明け前、日の出前、朝早く
НАР ГАРАХ	（待ちに待って）大喜びする、大変安心する、嬉しがる
НАР БАРУУН ХОЙНООС ГАРАХ	無理なこと、あり得ない、実現不可能
НАР САР ХОЁР ШИГ	まったく違う、異質の、対極の
НАР САР ШИГ	輝きがある、輝くような、素晴らしい、明るい

Юманд нааштай цааштай хандаж бай, юмыг яаж мэдэх вэ,хүн дандаа сайн яваа ч билүү, үгүй ч билүү.
物事には柔軟に取り組みなさい、物事はどうなるか分からない、人は常にうまくいくものかどうか。

Найман ясандаа хэлхсэн хөөрхий өвгөн лааз,сав түүж амь зууна.   直訳は「8つの骨に糸を通す」。
痩せこけた憐れなお爺さんは、缶や瓶を拾いながら命をつないでいる。

Сарны тунгалаг туяа туссан шөнийн нам жимд нуурын хөвөөнд сууж байх мөн ч сайхан шүү.
透明な月光が射した夜の静かな湖畔で座っているのもいいものだ。

Онгироод байвал намалдгийг чинь нээчихнэ шүү гэж тэр агсамнав.
偉ぶっていると殴るぞと、彼は酔って暴れた。

Адуучин залуу нар битүүд мордоод давхилаа.   直訳は「太陽が隠れている」。
馬飼いの青年は夜明け前に出発して疾駆した。

Дайнд явсан эцгээ гэнэт гэртээ нороод ирэхэд ёстой бидний нар гарч билээ.   直訳は「太陽が出る」。
戦争に行った父が突然、家に戻ってきてほんとうに私たちは大喜びした。

Тэр ажил энэ онд багтаж дуусвал нар баруун хойноос гарна байх.   直訳は「太陽が北西から出る」。
その仕事が年内に終わるということは無理なことだ。

Тэр хоёр нар сар хоёр шиг зан ааш нь тэс ондоо.   直訳は「太陽と月の二つのよう」。
あの二人の性格は、まったく異なっている。

Нар сар шиг сайхан охин.   直訳は「太陽と月のよう」。
輝くような素晴らしい娘だ。

НАРАНД ГАРАХ	刑務所から出る、娑婆に出る、牢獄を出る
НАРИЙНДАА ХАТАХ	ケチケチする、物惜しみする、ケチをする
НАРМАЙГ НЬ НЭЭХ	НАМАЛДГИЙГ НЬ НЭЭХを見よ
НАРНЫ ЦААГУУР	実現不可能な仕事、きわめて困難な作業
НАС БАРАХ	亡くなる、死ぬ、寿命が尽きる
НАС БОЛОХ	死ぬ、亡くなる、寿命が尽きる
НАС ДАРАХ	①歳を取る、加齢する、老ける、老いる ②年齢を若く数える、若く見せる、年齢をサバ読む
НАС НӨХЦӨХ	НАС БАРАХを見よ
НАС ЭЛЭГДЭХ	死ぬ、命を落とす、亡くなる
НАС ЭЛЭЭХ	長く暮らす、ずっと生活する、過ごす
НАС ЮҮЛЭХ	死ぬ、亡くなる
НАС ЯВАХ	歳を取る、年齢を経る、高齢になる

Хоригдлууд наранд гарах цагаа тэсч ядан хүлээдэг юм гэнэ билээ.
囚人たちは刑務所から出るのを待ちこがれているそうだ。

直訳は「太陽の所に出る」。

Олон сайхан адуутай хүн ганц моринд нарийндаа хатахгүй.
たくさんの馬群を持っている人は、一頭の馬を惜しまない。

Над шиг хүнд ийм ном орчуулна гэдэг ч нарны цаагуурах хэрэг ээ.
私のような者が、こんな難しい本を訳すというのは不可能なことだよ。

直訳は「太陽の向こう側に」。

Өвөө маань 2 жилийн өмнө нас барсан.
私のお爺さんは2年前に亡くなった。

Тэр зохиолч 90 хүрээд нас болжээ.
あの作家は90歳になって亡くなった。

直訳は「歳になる」。

①Эр хүн амархан нас дардаг.
男は簡単に老ける。

直訳は「歳に抑えられる」。

②Лувсан залуудаа хоёр нас дарчихсан юм гэнэ.
ロブサンは若い時、年齢を2歳若くサバ読んだんだとさ。

Манай хэдэн үхэр зуднаар нас элэгдээгүй үлдсэн шүү.
うちの何頭かの牛は雪害で死なずに生き残ったよ。

Би хотод насаа элээж байна.
私はずっと街で暮らしている。

Нас юулэх яагаа ч үгүй, та залуу байна.
死ぬのはまだまだだ、あなたは若いよ。

Би нас явж байна, дал гарлаа шүү дээ.
私は歳を取っているよ、70歳を過ぎたんだよ。

直訳は「歳が行く」。

НАСАН ЗҮГ БОЛОХ	НАС БАРАХを見よ
НАСАНД ХҮРЭХ	成人する、大人になる、一人前になる
НАСНЫ НАР ХЭЛБИЙХ	歳を取る、老いる、ふける、老齢になる
НАСНЫ СҮҮДЭР ЗООГЛОХ	歳を取る、〜歳になる（敬語）
НАСНЫ ХЭМЖЭЭ БОЛОХ	死に際、死が近づく、死期が近い
НОЁН НУРУУТАЙ ХҮН	しっかりした人、頼りになる人、頼りがいのある人
НОЙР АВАХ	眠る、熟睡する、睡眠を取る、ゆっくり眠る
НОЙР ДААХ	長く不眠に耐える、睡眠不足に耐える、眠気をこらえる
НОЙР МУУТАЙ	寝付きが悪い、熟睡しない、不眠症の、睡眠不足
НОЙР ХООЛОО МАРТАХ	一所懸命に働いたり、努力したりする、寝食を忘れて努める
НОЙТОН СОРМУУСТАЙ ЮМ	子供、赤ん坊、赤ちゃん、幼児

Энэ киног хүүхэд үзэж болохгүй насанд хүрсэн хүний кино.
この映画は子供が見てはいけない成人向けの映画だ。

直訳は「歳に達する」。

Насны нар хэлбийж байгаа болохоор хийсэн бүтээсэн минь юу билээ гэж өөрийн эрхгүй бодогдно.
老いてくると、私自身がしてきたことが何だったのかと自然に考えさせられる。

Бямба гуай наян таван насны сүүдэр зооглосон.
ダンパさんは85歳になられた。

Хөгшин минь одоо насны хэмжээ болж байна даа.
おばあちゃんはもう長くないよ。

Манай Дамдин багш ноён нуруутай хүн.
私たちのダムディン先生は本当に頼りがいのある人だ。

直訳は「王公の背骨を持つ人」。

Хэдэн хоног нойргүй явж урд шөнө л нойр авлаа.
何日も寝ずに過ごしていて、昨晩はよく眠った。

Дамдин гуай хоёр шөнө унтаагүй боловч дажгүй л яваад байх юм. Нойр даадаг хүн шүү.
ダムディンさんは二晩寝てないけれど元気に行動している。とても不眠に耐えられる人だよ。

Ойрдоо нойр муутай байна.
このごろ睡眠不足だよ。

Нойр хоолоо мартан байж хийсэн ном маань хэвлэлээс гарчээ.
私たちが一所懸命に作った本が出版された。

直訳は「寝食を忘れる」。

Тэр хоёр нойтон сормуустай юм тэвэрч баярлахын дээдээр баярлав.
あの二人は待望の子供が生まれて大喜びした。

直訳は「濡れたまつ毛を持っているもの」。

НОЙТОН ХАМУУ ШИГ / МЭТ /	すぐに離れない、せがむ、しつこく求める、執拗な
НОМ ХАЯЛЦАХ	議論する、討論する、意見を戦わせる、論じ合う
НОМОНД ХАЗГАЙ	非常識なこと、マナーが悪い、破廉恥な
НОМЫН ХУРИМ	学位取得の祝い、学位を得た祝賀会
НОХОЙ ГАХАЙДАА ХҮРЭХ	ケンカしてののしり合う、大ゲンカする、口げんかする
НОХОЙ ҒАСЛАМ	とても暑い、酷暑、厳しい暑さ
НОХОЙ НЬ ХҮРТЭЛ ХУЦАХ	皆知っている、皆が知り合い、皆が間違わない
НОХОЙ ХОРИХГҮЙ	できない、克服できない、実行できない
НОХОЙ ХҮН	ずるい人、狡猾な人、ずる賢い人、うそつき
НОХОЙ ХЭРЭГ	面倒なこと、苦労が多いこと、もつれ、紛糾

Чи нойтон хамуу шиг яасан хэцүү хүн бэ.
お前は何と執拗な難しい人だ。

Мөнхөө багш ном хаялцаж дуусаад гэрийн зүг алхав.
ムンフ先生は討論を終えて家の方に歩いて行った。

Багш маань номонд хазгай юм хийх хүн биш.
私たちの先生は非常識なことをする人ではない。

Нэгдэх өдөр Долгор багшийн номын хуримд очно.   直訳は「本の祝宴」。
月曜日にドルゴル先生の学位取得の祝賀会に参加する。

Тэр хоёр нохой гахайдаа хүрсэн боловч төдөлгүй эвлэрчээ.   直訳は「犬と猪になる」。
あの二人は互いにののしり合っていたが、すぐに仲直りした。

Нохой гаслам зуны халуунд орох гарах газар үл олдно.   直訳は「犬が悲しむ」。
夏の恐ろしいほどの酷暑に居る場所がない。

Цэнд гуай гэвэл тэр хавийн нохой нь хүртэл хуцна.   直訳は「犬まで吠える」。
ツェンデさんといえば、周辺の皆が知っている。

Болно бүтнэ гэхээс өөрөөр нохой хорихгүй хүний үгэнд итгэх хэцүү.   直訳は「犬を捕まえない」。
大丈夫、出来ると言いながら自分ではできない人の言葉を信ずるのは難しい。

Тэр үг чинь нохой хүний амнаас л гарах үг байна даа.   直訳は「犬の人」。犬は忠実というイメージの一方でずるい、下品、狡猾といった軽蔑の対象でもある。
その言葉は狡猾な人から出る言葉だよ。

Түүнтэй наймаа ярина гэдэг нохой хэрэг дээ.
彼と商売の話をするというのは面倒なことだ。

НОХОЙ Ч ШИНШИХГҮЙ	誰も気に留めない、誰も相手にもしない、無関心な
НОХОЙН ГУЯАР ДАЛЛАХ	簡単に得る、容易に見つける、楽にできる
НОХОЙН ДУУ ОЙРТОХ	目的地が近づく、目標が間近、仕事の完成が近い
НОХОЙН ЗАМААР ОРОХ	悪いことをする、人道を外れる、人の道を踏み外す
НОХОЙН ХОРОО / ШИГ /	混乱した、無秩序の、雑然とした、汚れた
НУРУУ АВАХ	①長旅で鞍ずれする、鞍で傷つく ②疲れ果てる、ぐったりする
НУРУУ АЛДАХ	大事な道を外す、道筋を間違う、道理や規則に背く
НУРУУ САЙТАЙ	頼りがいのある人、どっしり落ち着いた人、安心感のある人

Ийм юмыг нохой ч шиншихгүй шүү дээ.
こんなことは誰も気に留めないよ。

Сайхан хүүхнийг нохойн гуяар даллаад олно.
美しい女性を簡単に見つけることができる。

直訳は「犬の足で手招きする」。

Шалгалт дуусахад нохойн дуу ойртлоо.
試験終了が間近に迫った。

直訳は「犬の声が近づく」。遊牧民の家には犬が飼われており、人が近づくと遠くでも吠える。旅人は夜でも犬の声で人家に近付いたことを知る。

Муу хүнтэй нөхөрлөвөл нохойн замаар орно шүү хүү минь.
悪い人と付き合えば人の道を踏み外すことになるぞ、息子よ。

直訳は「犬の道に入る」。

Ээ, энэ өрөө чинь юу болчихоо вээ, нохойн хороо шиг.
ああ、この部屋はどうなっているんだ、汚いな。

直訳は「犬の小屋」。

①Мориныг нуруу авчихна гээд эмээлгүй унадаг байлаа.
鞍で傷つくという理由で、馬には鞍なしで乗っていた。

直訳は「背中をとる」。

②Олон жил өдөр шөнөгүй ажиллавал нуруугаа авчихна шүү.
長い間、昼も夜も働いていては疲れ果ててしまうよ。

Ганболдын аав Баатар ч нуруу алдахгүй хүн шүү.
ガンボルドの父バートルは道理を踏み外さない人だよ。

直訳は「背中を外す」。

Бат ах нуруу сайтай хүн болохоор хүн бүхэнд түшиг болдог.
バタ兄さんはしっかりしている人だからみんなが頼っている。

直訳は「良い背中をしている」。

НУРУУГҮЙ ЦААС	使い古された、ぼろぼろのお札、わずかのお金
НУРУУНД НУГАС УРГАХ	へつらう、ペコペコする、ご機嫌を取る
НУРУУТАЙ ХҮН	НОЁН НУРУУТАЙ ХҮН を見よ
НУСАА ЧИРЭХ	進歩のない、成功しない、実現しない、前進しない
НҮГЛИЙН НҮДИЙГ ГУРИЛААР ХУУРАХ	形式的にする、口先だけやる、形だけ対応する、質の悪いことをする
НҮГЭЛ ХУРААХ	罪を重ねる、悪いことをする、罪を犯す
НҮД АЛДАМ	広大な、無限の広さ、目におさまらない広さ
НҮД АЛДАХ	（美しいものなどを見て）心が打たれる、見とれる、目が奪われる
НҮД АЛДАХГҮЙ	目を凝らす、じっと見る、目を奪われる、注視する
НҮД АНИХ	死ぬ、亡くなる、寿命を終える
НҮД БУЛААХ	関心を引く、魅力的、美しい、素晴らしい

Хэдэн нуруугүй цаасаа хаана хийчихсэн юм бол доо？ Эрээд эрээд олсонгүй.
使い古したわずかのお札はどこへいっちゃったかな？　探しても探しても見つからない。

直訳は「背骨のない紙」。

Тэр нуруунд нь нугас ургасан юм шиг дандаа тэгж байдаг хүн.
彼はいつもそうやってご機嫌を取っている人だ。

直訳は「背に鴨が現れる」。

Хэрээс хэтэрсэн юм амлаж авaад, ёстой нусаа чирч байна.
分を越えた約束をしておいて、まったく実現しない。

直訳は「鼻水を垂らす」。

Ёстой л нүглийн нүдийг гурилаар хуурч дээ. Засвар хийлгэсэн энэ хаалга нээгддэггүй шүү.
まったく表面だけつくろったな。修理をさせたこのドアは開かないよ。

Муу хүний үгэнд орж нүгэл хураaж болохгүй.
悪い人間の言葉に騙されて罪を犯してはいけない。

直訳は「罪を集める」。

Дорнод Монголын нүд алдам уудам талд би өссөн юм.
東部モンゴルの広大な草原で私は成長した。

直訳は「目を失うほど」。

Залуучууд тэр сайхан бүсгүйд нүд алдаж байна.
若者たちはあの美しい若い女性に目が奪われてしまっている。

直訳は「目を失う」。

Бид түүнийг бүжиглэхийг нүд алдахгүй үзэж байлаа.
私たちは彼女がダンスを踊るのを目を凝らして見ていた。

直訳は「目を失わない」。

Аав минь бараг зуу дөхөөд нүд анисан юм.
父は百歳近くになって亡くなった。

直訳は「目を閉じる」。

Дорж гуайн ганц охин өсөж том болоод хүний нүд булаасан амьтан болжээ.
ドルジさんの一人娘は大きく成長して、魅力的な女性になったよ。

直訳は「目を奪う」。

НҮД БҮЛТИЙХ	ビックリする、驚く、驚嘆する
НҮД ДҮҮРЭН	見た目がいい、感じがいい、見た感じがいい
НҮД ИРМЭХ ЗУУР	あっという間、一瞬、瞬時に
НҮД НЬ ОРОЙ ДЭЭР ГАРАХ	大変驚く、仰天する、大変怖がる
НҮД НЬ ӨӨХЛӨХ	（高慢になって）物や物事を大事に思わない、物の価値が見えない
НҮД НЭЭГДЭХ	物事が分かるようになる、物事の理解が深まる
НҮД СЭРГЭЭХ	喜ばせる、嬉しくさせる、気持ちよくする
НҮД ТАЙЛАХ	あちこち行き、多くの物を見て見聞を広める、知識を深める
НҮД УХАХ	厳しく叱る、激しく罵る、大変怒る
НҮД ҮЗҮҮРЛЭХ	АД ҮЗЭХ を見よ

Тэр гайхамшигтай зургийг хараад олны нүд бүлтийжээ.
その素晴らしい絵を見て、人々は驚嘆した。

Дулмаа хэн ч харсан нүд дүүрэн хүүхэн шүү.　　　　直訳は「目がいっ
ドルマーは誰が見ても感じがいい女性だ。　　　　　　　ぱい」。

Цаг хугацаа гэж нүд ирмэх зуур өнгөрөх юм.
時というものは、一瞬のうちに過ぎるものだ。

Улсын наадмын нэгийн даваанд залуу хүү　　　　　直訳は「目が頭の
дархан аваргыг унагаачихад, наадамчин олны　　　てっぺんに出る」。
нүд орой дээрээ гарсан.
全国ナーダム祭の1回戦で少年が横綱を倒してしまったの
で参加者はびっくり仰天した。

Ийм сайхан цүнхийг тоохгүй байна гэдэг чинь　　　直訳は「目に脂肪
юу гэсэн үг вэ? Нүд нь өөхөлж дээ.　　　　　　　　がつく」。
こんな素晴らしい鞄が気に入らないとはどういうことかな、
物を大事に思わなくなっているのだろう。

Газар газар явж сонин хачин юм үз, нүд чинь
нээгднэ хүү минь.
色々な所へ行って様々なことを体験しなさい、物事が分か
るようになるよ。

Уран зургийн үзэсгэлэн үзэж нүдээ сэргээлээ.　　　直訳は「目を元気
絵画展を見て気分が良くなったよ。　　　　　　　　　　にする」。

Та олон газар явж нүд тайлсан хүн болохоор энэ　直訳は「目を脱ぐ」。
зэргийн юмыг ч тоохгүй биз дээ.
あなたは多くの所を訪ねて見聞を広めた方だから、こんなも
のには関心ないだろう。

Гэртээ оройхон ирсэн чинь эхнэр маань нүд　　　　直訳は「目を掘る」。
ухчих шахлаа.
家に遅く帰ったら、妻が激しく罵った。

НҮД ХАЛТИРАХ	直視できなくなる、じっと見ていられない、まっすぐ見られない
НҮД ХАРИУЛАХ	他人の目から隠れる、陰から見る、人の目をうかがう
НҮД ХОРСОХ	嫌悪する、嫌になる、忌嫌う、憎悪する
НҮД ХӨХРӨХ	一つのものをじっと見続けて目が痛くなる、目が疲れる、目が痛む
НҮД ХУЖИРЛАХ	目を奪う、心が奪われる、珍しい、希少な、きれい
НҮД ХУУРАХ	物事をいい加減にする、中途半端にする、適当にごまかす
НҮД ЦАВЧИЛГҮЙ	じっと見つめる、長く注視する、長く待つ
НҮД ЧИЧЛЭХ	悪者扱いする、蔑む、ののしる
НҮДГҮЙ ЦАС	大雪が降る、ひっきりなしに雪が降る、雪が多い
НҮДГҮЙ ЮМ ШИГ	見えない振りをする、知らない素振りをする、知らん振りをする
НҮДИЙГ ОЛОХ	的確にする、確実に言い当てる、的を得る、正しく洞察する

Машинд дайрагдсан ишгийг би нүд халтираад харж ч чадаагүй. 直訳は「目が滑る」。
自動車にぶつけられた子ヤギを私は直視できなかった。

Би хүний нүд хариулж байгаад охинд зурвасаа өглөө.
私は他人の目を避けて娘にメモを渡した。

Би хүний нүд хорсох муу юм хийгээгүй. 直訳は「目が痛む」。
私は他人に嫌われる悪いことをしていない。

Хэзээ ирэх юм бол гэж харуулдсаар нүд минь хөхрөх шахлаа. 直訳は「目が青くなる」。
いつ来るものかと期待しつつ見続けていて目が疲れた。

Хот газар нүд хужирлах юм ихтэй. 直訳は「目にソーダを与える」。
街には珍しいものがたくさんある。

Ажлаа сайн хий, нүд хуурч болохгүй. 直訳は「目を欺く」。
仕事をしっかりしなさい、いい加減にしてはいけない。

Нүд цавчилгүй ширтэн чамайгаа хүлээлээ.
あなたが遠くから来るのをじっと見つめて待った。

Тэр явдлаас хойш зөв буруугүй нүд чичлэхээ болив. 直訳は「目をさす」。
その事件の後、良し悪し関係なく悪者扱いするのをやめた。

Манай нутаг ууллархаг болохоор одоо хүртэл нүдгүй цастай байгаа. 直訳は「目のない雪」。
私のふるさとは山岳地帯なので、今でも大雪が降っている。

Хүүхдүүд нь ангидаа шуугилдсаар байхад багш нь нүдгүй юм шиг л суугаад байж.
クラスで子供たちが騒いでいるのに、先生は知らん振りして座っていた。

Гончиг ч хурал дээр ёстой нүдийг нь олж шүүмжиллээ. 直訳は「目を見つける」。
ゴンチグは会議の席上で実に的を得た批判をした。

НҮДНИЙ БУЛАЙ БОЛОХ	恥をかく、面目を失う、恥辱を受ける
НҮДНИЙ ГЭМ	稀なもの、大変珍しいもの、貴重なもの、美しいもの
НҮДНИЙ ҮЗҮҮРТ ХАРАГДАХ	大変遠くに見える、はるか彼方に見える
НҮДНИЙ ХОР ГАРГАХ	仮眠する、少しの時間寝る、仮寝する
НҮДНИЙ ХОР ОРОХ	多くの人が欲しがる、皆が羨望する、人が羨む
НҮДНИЙ ЦААНА	陰で、見えないところで悪いことをする、秘かに悪さをする
НҮДНИЙ ЦӨЦГИЙ ШИГ / МЭТ /	きわめて貴重なもの、もっとも大切なもの、大事なもの
НҮДНЭЭС ГАРАХ	顔色が大変悪くなる、見るに堪えない顔色、ひどい顔色になる
НҮДЭНД ДУЛААХАН	見た目に素晴らしい、見た目が優しそう、きれいに見える
НҮДЭНД ХҮЙТЭН	見た目に悪い、顔がこわい、顔がいやらしい
НҮДЭЭ ӨГӨХ ШАХАХ	大変興味を持つ、とても欲しがる、ひどく執着する

Юу ч мэдэхгүй байвал нүдний булай болно.
何も知らないと恥をかくよ。

Монголын тал газарт шинэ жимс гэдэг чинь ёстой нүдний гэм.
モンゴルの草原地帯では、新鮮な果物というのは大変珍しい。

Цаст өндөр уул нүдний үзүүрт харагдав.
雪を頂いた高い山がはるか彼方に見える。

Урд шөнө би дөнгөж л нэг цаг нүдний хор гаргаад боссон. 直訳は「目の毒を出す」。
私は昨夜、ほんの1時間仮眠して起きた。

Өчигдөр авсан торго ёстой нүдний хор ормоор сайхан эд ажээ. 直訳は「目の毒が入る」。
きのう買った絹は、皆が欲しがるほどの良い品だった。

Бялдууч хүн нүдний цаана муу хэлж хажуугаар өнгөрөхдөө нялбагнадаг.
おべっか使いは陰で悪口言って、そばを通り過ぎるときはおべっかを使う。

Нүдний цөгцгий шиг хайртай охиноо хол газар ганцаарнг нь явууллаа.
とても大切に慈しんでいる娘を遠くに一人で行かせた。

Жадамбаа гуай ч удахгүй байхаа, нүднээс бүр гарчихсан байна. 直訳は「目から出る」。
ジャダンバさんも間もなくだろう、顔色が大変悪くなってしまった。

Тэр чинь нүдэнд дулаахан охин байна. 直訳は「目に暖かい」。
彼女は優しそうな娘だ。

Тэр чинь тийм нүдэнд хүйтэн хүн биш шүү дээ. 直訳は「目に冷たい」。
彼はそんないやらしい人間ではないよ。

Хүүхэд чихэр хараад нүдээ өгчих шахдаг юм.
子供はお菓子を見てとても欲しがった。

— 139 —

НҮДЭЭ УНАГААХ	大変欲しがる、望む、当てにする
НҮҮР БАРДАМ	自信ありげの顔をする、偉そうな顔をする、偉ぶる
НҮҮР НҮДГҮЙ	身体全体、体中、所かまわず、ひどく
НҮҮР ОЛОХ	相手に取り入る、人に合わせる、いい人になる、好かれる
НҮҮР ӨГӨХ	慇懃にふるまう、打算的に丁寧にする、親切にする
НҮҮР ТАЛ ОЛОХ	人に取り入る、へつらう、気に入るように振る舞う、おもねる
НҮҮР ТАЛ ХАРАХ	内々に親しくする、内密にする、非公式に何かをする
НҮҮР ТАХЛАХ	①助けてくれる、手助けになる ②他人にちょっとしたものを上げる、小さなプレゼントをする
НҮҮР ТҮЛЭХ	恥をかかせる、辱しめる、汚名を着せる
НҮҮР УЛАЙХ	恥ずかしくなる、恥ずかしがる、面目なくなる

Тэр жаал хүмүүсийн идэж байгаа чихрийг хараад нүдээ унагаачих гээд л байв.
その子供は人々が食べているお菓子を見て大変欲しがった。 — 直訳は「目を落とす」。

Хийх юмаа хийчихсэн хүн чинь нүүр бардам шүү дээ.
やるべきことをやっている人は自信ありげだよ。

Дорж Батыг нүүр нүдгүй загнав.
ドルジはバトをひどく叱った。 — 直訳は「顔も目もない」。

Дүү маань эмээгийн үгэнд орж нүүр олж магтуулдаг байж билээ.
妹はおばあちゃんのいう通りにして好かれるのでいつも褒められた。 — 直訳は「目を見つける」。

Манай нутгийнхан тэр хүнийг холын хүн гэж нүүр өгч, туслах гэж хичээнэ.
私たちの地域の人々は、彼が遠くから来たから親切に手助けしようとする。 — 直訳は「顔を与える」。

Тэр дээшээ нүүр тал олох гэж гүйнэ.
彼は上の者に気に入られようと振る舞っている。

Нүүр тал харж ажил албаа амжуулна гэдэг сайн юм биш.
内々に親しくして公務を果たすというのは良いことではない。

①Дорж гуай аргагүй туршлагатай хүн, нүүр тахаллаа.
ドルジさんはさすが経験豊かな方で助けてくれた。 — 直訳は「顔にてい鉄を打つ」。
②Дэлгүүр орж нүүр тахлах юм авъя.
店に寄って、人に差し上げるちょっとしたものを買いたい。

Тэр худлаа ярьж нүүр түлэх хүн биш.
彼は嘘ついて恥をかかせる人ではない。 — 直訳は「顔を焼く」。

Би тиймхэн юм мэдэхгүй байсандаа нүүр улайв.
私はそんなことも知らなかったので恥ずかしくなった。 — 直訳は「顔が赤くなる」。

НҮҮР УЧРАХ	直接会う、初めて会う、面会する、面接する
НҮҮР ҮЗҮҮРЛЭХ	差別する、疎外する、白眼視する
НҮҮР ҮЗЭХ	歳月を過ごす、〜年が過ぎる、〜年目になる
НҮҮР ХАГАРАХ	無遠慮に振る舞う、照れることがない、慣れる、人生経験豊かになる
НҮҮР ХАЛААХ	辱しめる、侮辱する、恥をかかせる
НҮҮР ХАЛАХ	恥じる、恥をかく、屈辱を味わう
НҮҮР ХАЛУУН	（親しい人に何か頼まれたのを）断るのが難しい、断るのが辛い、容易でない
НҮҮР ХИЙХ ГАЗАР ОЛЖ ЯДАХ	НҮҮР ХИЙХ ГАЗАРГҮЙ БОЛОХ を見よ
НҮҮР ХИЙХ ГАЗАРГҮЙ БОЛОХ	恥じる、大変恥ずかしくなる、恥じらう、恥じ入る
НҮҮР ШАГНАХ	名誉を高める、面目をほどこす、体面を保つ

Нүүр учирсан цагаасаа тэр бүсгүйд дурлажээ.
初めて会ったときから、彼女が好きになった。

Эндэхийн хүмүүс бие биенээ нүүр үзүүрлэхгүй сайхан.
この辺の人々は、お互いを差別することもなく素晴らしい。

Манайх Улаанбаатарт шилжиж ирсээр долоон жилийн нүүр үзэж байна. 直訳は「顔を見る」。
私の家はウランバートルに移住してきて7年目になっている。

Олны газар явж нүүр хагарсан хүн гэдэг аргагүй өөр юм, уулзсан хүнтэйгээ хэзээ язааны танил мэт яриа дэлгэнэ. 直訳は「顔が割れる」。
いろいろなところへ行って人生経験ある人はどうも違うね、出会った人と長年の知り合いのように話す。

Чи битгий дэгс ярьж нүүр халаа л даа.
お前はいい加減なことを言って恥をかかせるな。

Түүний өмнөөс бүр нүүр халаад байх суух газар олдохгүй хэцүү байлаа. 直訳は「顔が熱くなる」。
彼の前では恥ずかしくて、居場所がなくて辛かったよ。

Сайн таньдаг хүнээсээ шалгалт авна гэдэг нүүр халуун юм. 直訳は「顔が熱い」。
よく知っている人に試験をするというのはなかなか大変だ。

Би ганцаараа хамгийн муухай хувцастай байсандаа нүүр хийх газаргүй боллоо. 直訳は「顔を入れるところがない」。
私一人だけ汚い服を着ていたので、大変恥ずかしくなった。

Үзэсгэлэнт бүсгүй найз нөхдийн өмнө нүүр шагнасанд Бат ихэд баярлав.
美しい女友だちが友人たちの前で面目をほどこしたので、バトはとても嬉しかった。

— 143 —

НҮҮРИЙ НЬ ШАРАХ	恥をかかせる、辱める、恥ずかしい思いにさせる
НҮҮРИЙН БУЯНТАЙ	好感を与えて事がうまく運ぶ人、好かれる人、手助けが得られる人
НҮҮРЭН ДЭЭРЭЭ	目の前で、直接に、眼前に、表面で
НҮҮРЭН ДЭЭР НЬ ХЭЛЭХ	目の前で言う、隠すことなく話す、表に表す
НҮҮРЭЭ БАРАХ	НЭР НҮҮРЭЭ БАРАХを見よ
НҮҮРЭЭ БУРУУЛАХ	直接会うのを避ける、顔を合わせるのを嫌がる、避ける
НҮҮРЭЭ ШИРЛЭХ	厳しい性格になる、思いやりがない、人間らしくなくなる
НҮҮРНЭЭС ГАЛ ГАРАХ	НҮҮР ХИЙХ ГАЗАРГҮЙ БОЛОХを見よ
НҮХ ШИГ	真っ暗、とても暗い、真っ黒
НҮХЭЭ МАЛТАХ	方法を見つける、自分を守る方法を探す、技を会得する

Аав ээжийнхээ нүүрийг нь шарах юм хийдэггүй сайн хүү шүү.
両親に恥をかかせるようなことをしない良い子だよ。

直訳は「顔を焼く」。

Халиунаа ёстой л нүүрийн буянтай хүн дээ. Хаа ч явсан хамаг хэрэг явдал нь амархан бүтэж байдаг.
ハリョーナはまったく誰からも手助けを受けられる人だ。どこへ行ってもあらゆることが簡単に実現してしまう。

直訳は「顔に徳がある」。

Жамц нүүрэн дээрээ сайхан аашьтай хүн шиг боловч цаана тиймгүй шүү.
ジャムツは目の前では素晴らしい性格の人のようだが、他ではそうではないよ。

Хэлэх үгийг нүүрэн дээр нь хэлэх шиг сайхан юм үгүй.
言いたいことを本人に直接話すのは一番良いことだ。

直訳は「顔の上に言う」。

Тэр залуу надад загнуулснаасаа хойш дандаа нүүрээ буруулж явдаг юм.
あの若者は私に叱られた後、私に会うのを避けている。

直訳は「顔をそらす」。

Үхэхээс бусдыг үзэж нүүрээ ширлэсэн түүний сэтгэл тэгж амархан уярахгүй.
死以外のことを経験してきつい性格になった彼の心は、そう簡単には和らがない。

直訳は「顔に皮をつける」。

Энэ өрөө гэрэл ордоггүй нүх шиг өрөө байна.
この部屋は明かりがなくて真っ暗な部屋だ。

Тэр аль хэдийн наймаа хийх нүхээ малтжээ.
彼はもう既に商売をする方法を考えていた。

直訳は「穴を掘る」。

НЭГ АМИАР	一息に、一気に、一挙に、あっという間に
НЭГ АМЬСГААГААР	НЭГ АМИАРを見よ
НЭГ ГАРААРАА НӨГӨӨ ГАРАА БАРИХ	我慢する、忍耐する、耐える、自制する
НЭГ ДУУ ТЭНГЭРТ, НЭГ ДУУ ГАЗАРТ	大声で怒鳴る、大げさに言う、誇大に言う
НЭГ НҮДЭЭР ҮЗЭХГҮЙ	見るに堪えない、いみ嫌う、怨む、軽蔑する
НЭГ СУМААР ХОЁР ТУУЛАЙ БУУХ	一挙両得、一石二鳥、同時に二つのことをする
НЭГ ТОГООНООС ХООЛ ИДЭХ	親しい仲間、仕事や暮らしの仲間
НЭГ ТЭРЭГНИЙ ХОЁР ДУГУЙ	二人の悪仲間、同類の悪い二人、悪友
НЭГ ЧИХЭЭРЭЭ СОНСООД, НӨГӨӨ ЧИХЭЭРЭЭ ГАРГАХ	いい加減に聞く、関心を向けない、無関心でいる
НЭГИЙГЭЭ ҮЗЭХ	争う、戦う、ケンカをする

Тэр хүн нэг бүтэн шил архийг нэг амиар уучихлаа.
あの人は1本の酒を一息で飲んでしまった。

Тэр хүнд хэлмээр юм байсан боловч, нэг гараараа нөгөө гараа барилаа даа.
彼には言いたいことはあったが、よく我慢したよ。

Гэртээ ороод ирсэн чинь ээжийн нэг дуу тэнгэрт, нэг дуу газарт хангинаж байлаа.
家に入ると、お母さんが大声で怒鳴っていた。

Тэр хүнийг нэг нүдээр үзэхгүй байсаар явуулчихсан.
彼のことをずっといみ嫌いつつ行かせてしまった。

直訳は「片目で見ない」。

Би хурал дээр байхдаа нэг жижигхэн тууж уншчихлаа, ёстой нэг сумаар хоёр туулай бууджээ.
私は会議の最中に短編小説を読んでしまった、まったく一挙両得した。

Бид нар нэг тогооноос хоол идэж явсан юм.
私たちは同じ釜の飯を食べた仲間だ。

直訳は「一つの鍋で食事をする」。

Тэр хоёр дандаа л цуг архидаж байх юм, ёстой нэг тэрэгний хоёр дугуй юм даа.
あの二人はいつも一緒に酒を飲んでいるよ、まったく同類の悪仲間だ。

Тэр яриаг би нэг чихээрээ сонсоод нөгөө чихээрээ гаргаж суулаа.
私はその話をいい加減に聞いていた。

Тэр баатарлаг зоригт эр дайсантай нэгийгээ үзэлцэж яваад амь үрэгдсэн юм.
その勇敢な男は敵と戦って命を落とした。

— 147 —

НЭГТ НЭГГҮЙ	一つ残らず、すべて、あらゆるもの
НЭР НҮҮРЭЭ БАРАХ	名声を失う、面子を失くす、面目を失う
НЭР ХӨӨДӨХ	名を汚す、名を辱める、面目をつぶす、名声を落とす
НЭРНЭЭС ЦААШГҮЙ	名に実が伴わない、実体のない、名前負け
НЭРЭЭ БААСДАХ	名を汚す、恥をさらす、面目をなくす、面目をつぶす
НЭРЭЭ ХУГАЛАХ	名を汚す、名声を落とす、恥をさらす、面目をなくす
НЭХЭЛ ХАТУУТАЙ	思いを遂げるために頑張る、執拗にねばる、目的を完遂する
НЯЛХ БИЕТЭЙ	産後の身体、子供を産んだばかり、出産直後の身体

О

ОВГОР ЦЭЭЖ	ごう慢、高慢な、うぬぼれ、思い上がり

Болсон үйл явдлыг нэгт нэггүй бичиж тэмдэглэв.
起こった出来事は全部残らず記録された。

Түмэнд нэр нүүрээ барчихсан биш дээ. 直訳は「顔と名を
大衆の前で面目を失ったわけではない。 失くす」。

Муу юм хийж сайн эцэг эхийнхээ нэрийг 直訳は「名前に煤
хөөдөхгүй юмсан гэж хичээнэ. をつける」。
悪いことをして優しい父母の名を辱めないように気を付けて
いる。

Энэ ч дээ, нэрнээс цаашгүй, чанар муутай эд 直訳は「名前の先
байна. はない」。
これは大したものではないね、名高いわりに質が悪い。

Тийм хэцүү ажил амлаж нэрээ баасдахаа больё
доо.
そんな難しい仕事を請け負って恥をさらすのはよそう。

Нэрээ хугалахаас ясаа хугалах нь дээр. 直訳は「名を折る」。
名を汚すより、骨を折ったほうがいい。

Их нэхэл хатуутай хүүхэд шүү, амласан бэлгээ
мартаваа.
執拗に欲しがる子供だから、約束のお土産は忘れないでね。

Нялх биетэй хүнийг салхинд хамаагүй гаргаж 直訳は「赤子の体
болохгүй. をしている」。
産後の人をむやみに風にあててはいけない。

Тэр хүүгийн овгор цээжийг тэгж нэг дарж өх
ёстой байсан юм.
あの子の高慢な性格をそうやって何とか直してあげる必要
があったのだ。

— 149 —

ОГОТНЫ НҮХЭЭР БАГТАХ	ずる賢い、狡猾な、知恵がある
ОГОТНЫ ХАМРААС ЦУС ГАРГАЖ ҮЗЭЭГҮЙ	殺生をしたことがない、温和、おとなし過ぎる
ОД НЬ ГЯЛАЛЗАХ	成功する、すべてうまくいく、運が向く
ОД ХАРВАХ	運を捨てる、好運が遠ざかる、運がなくなる、死ぬ
ОДТОЙ БАЙХ	運がいい、幸運を持っている、ついている
ОЙ ГУТАМ	醜悪な、胸くそが悪くなるような、醜い
ОЙМС ЭЛЭЭХ	多くのものを見る、多くの経験をする、大事な経験をする、歳を取る
ОЛОН ГАРТАЙ	わけ隔てする、相手を見て行動する、均等にしない、善悪両方する
ОЛОН ТАВАН ҮГ	饒舌、無駄口、口数が多い、おしゃべり
ОЛОН ҮГ	ОЛОН ТАВАН ҮГを見よ

Тэр чинь ёстой оготны нүхээр багтах хүний хийдэг ажил.
それはまったくずる賢い奴のする仕業だ。

直訳は「野ネズミの穴に収まる」。

Тэр өдий хүртэл оготны хамраас цус гаргаж үзээгүй хүн.
彼は今までまったく殺生をしたことがない人間だ。

直訳は「野ネズミの鼻から血を出したことがない」。

Төмөр гуайн од нь гялалзаж байна. Ажил үйлс нь бүтэмжтэй сайхан байна.
トモルさんには運が向いている。やっていることがすべて成功している。

直訳は「星が輝く」。

Ойрдоо ажил бүтэхгүй ёстой од харвачихсан юм шиг байна.
最近、仕事が成功しない、まったく運がなくなったようだ。

直訳は「星が流れる」。

Дамба энэ жилийн наадамд сайхан барилдаж түрүүллээ. Мөн ч одтой байна.
ダムバは今年のナーダム祭でよく闘って優勝した。まったく運がいい。

直訳は「星を持っている」。

Үхсэн малын сэгнээс ой гутам муухай үнэр үнэртэж байв.
死んだ家畜の死骸から醜悪な嫌な臭気が匂っていた。

Хэдэн оймс илүү элээсэн ахмад хүний хувьд чамд хэлмээр үг байна.
多くの経験をした人生の先輩として、お前に言いたいことがある。

直訳は「靴下をはき古す」。

Галдан гуай ч олон гартай мужаан даа.
ガルダンさんは相手を見て仕事をする大工だな。

直訳は「手が多い」。

Заа, чи олон таван үггүй үүнийг хий.
さあ、お前は無駄口を叩いてないでこれをしなさい。

— 151 —

ОН УДААН	長い年月がたつ、久しぶり、久しく
ОНД ОРОХ	冬と春の厳しい季節を乗り越える、越冬を終える
ООДОНГИЙН ҮХЭР ШИГ / МЭТ /	落ち着きがない、そわそわする、沈着でない
ООНЫ ЭВЭР ШИГ	二つ（人）一緒に、二つ（人）づつ、二人きり
ОР НЭР БОЛОХ	いい加減に仕事をする、質の悪い仕事をする、でたらめをする
ОРГҮЙД ОРВОЛ	ないよりまし、あったほうがいい
ОРОЙ ДЭЭР СУУХ	支配する、ごう慢に振る舞う、人の上に立つ
ОРОЙ РУУ ОРОХ	納得する、良くわかる、しっかり理解する
ОРОЙ РУУ ОРТОЛ ХЭЛЭХ	十分に話す、きちんと理解するまで話す、しっかり話す
ОРОН ГАРАН	考えが乱れる、感覚が鈍い、愚か、愚鈍な

Он удаан уулзаагүй найзтайгаа саяхан уулзаж бөөн баяр хөөр болов.
長い間会えなかった友達と久しぶりに会ってすごく嬉しかった。

Энэ өвөл цас ихтэй, хүйтэн байсан боловч мал сүрэг онд орлоо.
この冬は雪が多くて寒かったが、家畜は無事乗り越えた。

Оодонгийн үхэр шиг тогтож суухгүй орж гарна.　　直訳は「尾の短い
落ち着いて座っていないで出たり入ったりしている。　　牛のような」。

Хүний газар ооны эвэр шиг хоёулхнаа тэр хоёр　　直訳は「雄カモシ
ямагт ойр дотно байжээ.　　カの角のような」。
異国で二人きりの彼らはいつも仲よくしていた。

Манай зарим үйлчлэгч шал угаана гэж ор нэр болгох юм.
うちの若干の掃除人たちは床を洗うのをいい加減にするよ。

Энэ чанар муутай эд байна, гэхдээ оргүйд орвол байсан нь дээр биз, авчихъя.
これは質が悪いものだね、しかしないよりましだから買ってしまおう。

Орой дээр суух хүн олон байна.　　直訳は「上に座る」。
ごう慢に振る舞う人が多い。

Аавын минь хэлсэн үг одоо л орой руу орлоо.
父の教えてくれたことが今、しっかり理解できた。

Миний мууг орой руу ортол хэллээ дээ.
私の悪いところをきちんと理解するまで言われたよ。

Чи чинь орон гаран юм шиг юмаа хэдэн янзаар л　　直訳は「入って出
яриад байх юм.　　て」。
お前というのは馬鹿のように、何度同じことを話しているんだ。

ОРОН ГАРАН УХААНТАЙ	軽率、軽はずみ、うっかり、深く考えない
ОРОО МОРЬ ШИГ	荒々しい、粗暴な、御しがたい、怖いものなし、勢いがある
ОРЧЛОНГООР ГЭР ХИЙХ	住む家がない、宿なしになる、家なしになる

Ө

ӨВӨР ЦООРОХ	損害がでる、支出が多い、浪費する、節約しない
ӨВДӨГ СӨГДӨХ	乞う、懇願する、一生懸命願う、懸命に頼む
ӨВДӨГ ШОРООДОХ	ДАЛ ШОРООДОХ を見よ
ӨВӨР СУЛ	浮気っぽい、浮気者、移り気、放蕩
ӨВӨР ТҮРИЙДЭЭ ОРОХ	親しい、仲のいい間柄、仲良し
ӨВС ИДЭЖ УС УУСАН	とても痩せている、ほっそりしている
ӨВСНИЙ ТОЛГОЙ ШИГ	人の言うまま、自分がない、自立していない、他人に流される

Ажил амжихгүй би гэдэг хүн орон гаран ухаантай л явна.
仕事が忙しくて、私はうっかりしてしまっている。

Залуу байхад opoo морь шиг байх үе байлгүй яахав.
若い頃には怖いものなしの時がなくてどうする。

直訳は「交尾期の馬」。交尾期の雄馬は非常に荒々しいことからの表現。

Гэрээ зарчихвал орчлонгоор гэр хийх болно, битгий зар.
家を売ってしまえば住むところがなくなってしまうよ、売ってはいけないよ。

直訳は「宇宙を家にする」。

Буруу олзны эзний өвөр цоорно.
不当に得た儲け主の浪費は多い。

直訳は「懐に穴ができる」。

Энэ ажлыг бүтээх гэж хүн болгонд өвдөг сөгдөх шахлаа.
この仕事を完成させようと、皆に一生懸命懇願した。

直訳は「床に膝をつける」。

Өвөр сул хүн амьдрал тогтохгүй хэцүү.
移り気な人は暮らしが落ち着かない。

直訳は「懐がゆるい」。

Бид хоёр өвөр түрийдээ орж өссөн юм.
私たちはとても親しくして育った。

Энэ хүү өвс идэж ус уусан юм шиг их турь муутай харагдна.
この子はとても痩せているので、弱々しく見える。

直訳は「草を食べて水を飲んだ」。

Өвсний толгой шиг байх хэрэггүй, өөрийнхөө хийж чадах юмаа хийсэн нь дээр.
他人に流されないで、自分のできることをしたほうがよい。

直訳は「草の穂先のような」。

ӨВЧИН ДАЙРАХ	急病にかかる、突然病気に襲われる、急の病に襲われる
ӨВЧИН ОРООХ	体が弱い、病気がち、病弱
ӨВЧҮҮНИЙ ЦААГУУР ЮМ ШИДЭХ	食べる、食う、食事をする
ӨГӨӨТЭЙ АВААТАЙ	①ケチでない、物惜しみしない、ケチ臭くない ②能力が同じ、技量が同等、力が対等、同じような能力
ӨДӨР ШӨНӨ ХОЁР ШИГ	大違い、正反対、まったく異なる、相反する
ӨДРИЙН ОД ШИГ	きわめて少ない、稀少、珍しい、大変に貴重
ӨДРӨӨ ХҮЛЭЭХ	死に際、死が間近、死期が近い
ӨЛ АВАХ	空腹を満たす、食事をする、腹いっぱいにする

Хамгийн бага хүү нь багадаа гэнэт өвчин дайраад өнгөрчихсөн.
一番の末っ子は、小さかった頃に急病に襲われて亡くなってしまった。

Манай бага багадаа их өвчин ороосон боловч одоо эв эрүүл болсон.
うちの下の子は小さいとき病気がちだったが、今は丈夫になった。

Өвчүүний цаагуур юм шидэхгүй бол болохгүй нь ээ, идэх юм байна уу?
何か食べなくてはダメでしょう、食べ物はあるのか?

①Дагва ч юм нь байвал өгөөтэй аваатай хүн шүү.
ダグワという人は、物があれば物惜しみしない人だよ。
②Цэрэн бид хоёр шатар тоглохдоо өгөөтэй аваатай л байдаг юм.
ツェレンと私の将棋の腕は同じようなものだ。

Энэ хоёр хотын амьдрал өдөр шөнө хоёр шиг ондоо юм.
この二つの都市の暮らしは、まったく異なっている。

Ийм сайхан эмээл одоо өдрийн од шиг болж байна.
こんな素晴らしい鞍は、今では大変貴重になっているよ。

直訳は「昼間の星のよう」。

Даш гуай хүнд өвчин тусч, их эмчлүүлсэн боловч эдгэрсэнгүй одоо өдрөө хүлээж байна.
ダシさんは重い病気にかかって色々治療したが治らず、もう死が近い。

直訳は「日を待つ」。

Цэргүүд олон хоног хоол ундгүй явж өчигдөр л нэг өл авцгаажээ.
兵士たちは何日も飲食なしに行動していて、昨日やっと食事を取った。

— 157 —

ӨЛ ДААХ	（空腹を）我慢する、耐える、こらえる
ӨЛ ТАЙЛАХ ЮМ	食べもの、食事、飲食物
ӨЛӨН ЭЛГЭЭ ТАЙЛАХ	朝にものを食べる、朝食を取る
ӨЛХӨН ХАНХАЛЗАХ	余裕がある、十分にできる、能力がある、ゆとりがある
ӨМДГҮЙ БАЙЖ ӨВДӨГ ЦООРХОЙГ ШООЛОХ	自分の欠点を見ずに他人を批判する、身の程知らず、自分をわきまえない
ӨМХИЙ ҮГ	トゲのある言葉、刺々しい言葉、毒気のある言葉
ӨНГӨ ОРОХ	元気になる、ぴかぴかする、輝く
ӨНГӨН ДЭЭРЭЭ	外目に、表面上で、うわべで、見た目に
ӨНГӨӨ НААН ӨРГӨСӨӨ ЦААНА	外面はやさしく内面は醜悪、外面と内面が違う、偽善、悪意を隠す

Тэр өвгөн бие нь муу болохоор ганц хоногийн өл дааxгүй болжээ.
あの年寄りは身体が悪いので、一昼夜の空腹にも耐えられなくなった。

Өчигдөр орой хүү минь хоол идээгүй унтчихсан, өл тайлах юм өг.
昨晩、息子は食事をせずに寝てしまったよ、食べものをあげなさい。

Тэр өлөн элгээ тайлж цагаан идээ идээд, ажилдаа явлаа.
彼は朝、乳製品を食べてから仕事に出かけた。

Бат бол ийм номыг орчуулахад өлхөн ханхалзна.
バトには、このような本を翻訳する力が十分にある。

Өмдгүй байж өвдөг цоорхойг шоолох гэгчээр Осор өөрөө юу ч мэдэхгүй мөртлөө бусдыг шүүмжлэх дуртай.
身の程知らずというが、オソルは自分は何も知らないくせに他人を批判したがる。

Тэр их өмхий үгтэй хүн. 　　　　　直訳は「臭い言葉」。
彼は大変トゲのある言葉の持ち主だ。

Найз минь чи бүр өнгө орчихсон байх чинь, ямар　直訳は「色がつく」。
нэгэн сайн юм болоо юу?
わが友よ、あなたはとても元気そうだけど何か良いことでもあったの?

Өнгөн дээрээ сайн хүн боловч араар элдэв юм яриад явдаг хүнд дуртай хүн байхгүй.
外目にはいい人のように見えるが、陰で悪口を言う人のことが好きな人なんていないだろう。

Энэ яриа нэг л итгэлгүй, өнгөө наанаа өргөсөө цаана гэдэг үг бий шүү.
この話はどうも信用できないな、外面と内面が違うという言葉があるよ。

ӨНГӨРСӨН БОРООНЫ ХОЙНООС ЭСГИЙ НӨМРӨХ	泥縄式にする、事が起こってから慌てて用意する
ӨНДГӨӨ ДАРСАН ШУВУУ ШИГ / МЭТ /	利己的な、自分勝手な、自己弁護する、自分を正当化する、物惜しみする
ӨНДӨР АВАХ	名声を得る、高位につく、自慢する、鼻を高くする
ӨНДӨР ЯМАА	ラクダ
ӨНЧИН ИШИГ Ч ҮГҮЙ	貧乏、貧しい、何の財産もない、赤貧な
ӨНЧИН ИШИГНИЙ ГАРЗГҮЙ	家畜の損害がない、家畜が減らない
ӨНЧИН ХАЙЛААС МЭТ / ШИГ, АДИЛ /	孤独、一人ぼっち、たった一つだけ
ӨӨД БОЛОХ	НАС БОЛОХを見よ
ӨӨД НАР ХАРАХ	良くなる、幸せを感じる、幸福になる、上向きになる

Яамны шалгалт ирсэн чинь сандраад л манай байгууллага дээр өнгөрсөн бороотой хойноос эсгий нөмрөнө гэгчээр дарга бүгдийг цуглуулаад л урт хурал хийлгэлээ.
本省から要請が来たら、慌てて組織内で泥縄式に管理職を集めて長い会議をした。

Тэр өндгөө дарсан шувуу шиг өөрийгөө л бодно. 直訳は「自分の卵
彼は利己的な人間で自分のことしか考えない。 を温める鳥のよう」。

Дорж харин нэг өндөр авч дээ.
ドルジは本当に名声を得たものだな。

Та өндөр ямааны мах идэж чадах уу? 直訳は「背が高い
あなたはラクダの肉を食べる事ができるか? ヤギ」。

Өвөг эцэг минь хувьсгалаас өмнө өнчин ишиг ч 直訳は「一匹の子
үгүй, баян айлын мал хариулан амьдарч байсан ヤギもいない」。ヤ
гэдэг. ギは貧乏の象徴
祖父は革命以前、とても貧乏で金持ちの家畜を世話して暮 である。
らしていたんだとさ。

Байгалийн гамшиг болсон ч өнчин ишигний 直訳は「子ヤギ一
гарзгүй гарахын тулд аюулаас урьдчилан 匹も損しない」。
сэргийлэх бэлтгэл хийх хэрэгтэй.
自然災害に遭っても家畜の損害を出さないために、事前に
災害への備えをしておくことが大事だ。

Тээр тэнд өнчин хайлаас шиг ганц гэр байна.
遠くにたった一つだけのゲルがある。

Хүүхэд минь сайхан өсч одоо өөд нар харж байна.
私の子供たちは立派に成長して、今は大変幸せだ。

ӨӨРТӨӨ БУЛУУ ХУРААХ	自分に負担になることをする、無理をする、重荷になる
ӨӨХ Ч БИШ, БУЛЧИРХАЙ Ч БИШ	価値のない、どうということもない、何のこともない
ӨӨХӨНД ХУЧСАН БӨӨР ШИГ	もっとも大切なもの、大事なもの、神聖なもの
ӨР АЛДСАН ХЯТАД ШИГ	がっかりする、気落ちする、気が抜ける、落胆する
ӨРГӨЖ АВАХ	養子・養女を取る、養育を引受ける、養子縁組する
ӨРГӨСИЙГ НЬ АВСАН ЮМ ШИГ / МЭТ /	急変する、突然よくなる、悪いものが無かったようになる
ӨРӨМНИЙ ӨТ ШИГ	落ち着かない、そわそわしている、沈着でない
ӨРӨӨСӨН ГУТАЛ	仲間、同僚、同じ、同様
ӨРӨӨСӨН ДУГУЙ	ӨРӨӨСӨН ГУТАЛを見よ

Энэ номыг орчуулна гээд авчихсан чинь зав гардаггүй, өөртөө булуу хураачихлаа.
この本を翻訳するといって持ってきてしまったが、時間が取れずに負担になっている。

直訳は「自分のところに岩を引き寄せる」。

Түүний бичсэн зохиол нь өөх ч биш, булчирхай ч биш байна.
彼の書いた小説はどうということもない。

直訳は「脂肪でもない、腺でもない」。

Цэрэн ч хэдэн хүүхдээ өөхөнд хучсан бөөр шиг байлгаж өсгөсөн хүн дээ.
ツェレンは何人かの子供を大事に育てた人だよ。

直訳は「脂肪で覆った腎臓のよう」。脂肪分は食の中で最高のもの、それに包むことで大切さを強調した表現。

Тэр хүн өр алдсан хятад шиг л сууж байна.
彼はがっかりして座り込んでいる。

直訳は「借金を返してもらえなくなった中国人のよう」。

Баатарынх дүүгийнхээ хүүхдийг өргөж авчээ.
バートルさんのところでは弟の子供を養子にした。

Тэр эмийг уусан чинь өвдөөд байсан толгой минь өргөсийг нь авсан юм шиг зүгээр боллоо.
その薬を飲んだら、頭痛が突然なかったように良くなったよ。

直訳は「刺を抜いてもらったよう」。

Жаал хүүд томчуулын яриа сонин биш, уйдахдаа өрөмний өт шиг байж ядна.
その子には大人たちの話は面白くなくて、退屈して落ち着かないでいる。

直訳は「乳膜に付いたウジ虫のよう」。

Явах бэлтгэлээ хийж амжаагүй л явна. Тийм үү? Би ч чиний өрөөсөн гутал.
出かける準備はまだできていない。ああそうですか？ 私も同じだ。

直訳は「片方の靴」。

— 163 —

ӨРСӨН ШАГАЙ ШИГ / МЭТ /	整った、秩序のある、きちんとした、均等な
ӨСГИЙ ШАГАЙХ	アラさがしをする、人の欠点を探す、人の言動にケチを付ける
ӨТТЭЙ ТЭМЭЭ ШИГ / МЭТ /	じっとしていられない、そわそわする、落ち着かない

П

ПАЯНГИЙ НЬ ДУУДАХ	他人の悪事をあげつらう、スキャンダルを暴露する、悪事をばらす
ПИЙШИНГЭЭ ХАЛААХ	酒を飲んで意気込む、酒で気を紛らす、酒を飲む

С

САВ ХООСОН БУЦААХГҮЙ	①物惜しみしない、義理がたい、手ぶらで返さない ②口達者、口答えする、口がへらない、へらず口をきく
САВДАГ ЭЛЭЭ ШИГ / МЭТ /	落ち着きがない、ソワソワする

Өрсөн шагай шиг олон цагаан гэр тодоос тод харагдна.
きちんと整った真っ白いゲルがはっきり見える。

直訳は「並べた踝の骨のよう」。

Хүн муутай хүн хүний өсгий шагайдаг юм.
人柄の悪い人は、他人のアラさがしをするよ。

直訳は「足の裏を覗く」。

Өттэй тэмээ шиг зүгээр суухгүй яачихсан юм бол？
ソワソワしてじっと座っていないでどうしたんだ？

直訳は「ウジ虫の付いたラクダ」。身体をこすって落ち着かないラクダの姿からの表現。

Олны өмнө хүний паянг дуудаж хэрэггүй ээ.
大衆の面前で人のスキャンダルを暴露するのはよくない。

Донров гуай цалин буусан гээд пийшингээ халаачихсан явна.
ドンロブさんは給料が下がったといって、酒を飲んで気を紛らしていた。

直訳は「暖炉を温める」。

①Мөнхөөгийн эхнэр ч очсон хүний сав хоосон буцаахгүй хүн дээ.
ムンフの奥さんは、訪ねてきた人を手ぶらで帰さない人だ。

直訳は「器を空で返さない」。

②Гаадан гуай ч бэлэн зэлэн үгтэй, сав хоосон буцаахгүй хүн дээ.
ガーダンさんというのは口がうまくて、口がへらない人だ。

Савдаг элээ шиг хүүхэн гэж хүн муу хэлнэ шүү дээ.
落ち着きがない女だと悪口言われるよ。

直訳は「固いものを突くハゲタカのよう」。

— 165 —

САВНЫ ХАРИУ	お礼、恩返し、返礼
САЙН АМТАЙ	いいことばかり言う、明るいことばかり言う、縁起のいいことを言う
САЙХАН АМ	口先ばかりでいいことを言う、甘言、おだて言葉
САЛАХЫН АРГАГҮЙ	美しい、素晴らしい、美味しい、心を引きつける
САЛХИ АВАХ	風邪をひく、風邪にかかる、感冒にかかる
САЛХИ БОРООНЫ ЯВДАЛ	ふしだらな行為、みだらなこと
САЛХИ ОРУУЛАХ	（久しぶりに）本を読む、本をめくる
САЛХИ ШИГ / МЭТ /	猛スピード、瞬間に、またたく間に、きわめて速く
САЛХИН ДЭВҮҮР ШИГ	軽率な、落ち着かない、フラフラする、軽い
САЛХИНД ТАТАГДАХ	悪影響を受ける、悪いことに感化される、悪影響下に入る

Тэр чинь савны хариу мэдэхгүй хүн байна шүү.
彼はお礼ということを知らない人だよ。

Та ёстой сайн амтай хүн шүү. 直訳は「口の良い」。
あなたはまったく、いいことばかりを言う人だ。

Манай дарга ч сайхан амтай хүн дээ. 直訳は「きれいな口」。
私たちの上司は口先ばかりでいいことを言う人だ。

Бид тэр айлд салахын аргагүй сайхан хоол идэцгээлээ. 直訳は「離れ難い」。
私たちは、あの家で大変おいしい料理を食べた。

Охин минь өчигдөр салхи авчихжээ.
私の娘は昨日、風邪をひいてしまった。

Тэр киноны салхи борооны явдлыг хүүхдийн дэргэд үзэлтгүй. 直訳は「風と雨の行為」。
あの映画のふしだらな行為を子供のそばでは見ていられない。

Хэд хоног ажил ихтэй завгүй байлаа, өнөөдрөөс ном дэвтэртээ салхи оруулах санаатай байна. 直訳は「風を入れる」。
数日は仕事がとても忙しかった、今日から本を読むつもりだ。

Манай хүү салхи шиг орж ирээд л гарлаа, хаачих гэж байгаа нь ч асууж амжсангүй. 直訳は「風のよう」。
息子は猛スピードで入って来て出て行った、どこへ行くかを訊ねる間もなかった。

Эр хүн салхин дэвүүр шиг байж болохгүй. 直訳は「扇子のよう」。
男が軽率にフラフラしていてはいけない。

Би чамайг муу улсын салхинд татагдаагүй үлдсэнд баярлаж явна. 直訳は「風に引っ張られる」。
私はあなたが悪い奴に影響されないでいることを喜んでいる。

САНАА АВАХ	考えつく、啓発される、触発される、思いつく
САНААНААС ЦААШГҮЙ	思いだけで実行できない、考えるだけ、実行が伴わない
САНАЖ САРВАЙХ	大事にする、大切にする、可愛がる
САНД МЭНД	やっと、辛うじて、大慌てで、ようやく
САРХИНАГ НЬ ХАТАХ	大変のどが渇く、のどがカラカラになる
САРХИНАГ ШИГ / МЭТ /	古くなる、使い古される、だめになる、ボロボロになる
СОЛОНГО БАРИХ	夢のようなこと、不可能なこと、夢物語、夢見る
СУВДАН ДУСАЛ	涙、泪
СУГАНД ХОРГОДОХ	庇護下に入る、保護される、世話になる、擁護される
СУЛ ГАРТАЙ	ГАР СУЛТАЙを見よ
СУР ХАРВАХ	下痢する、腹をこわす、腹をくだす

Дамдин гуай техникийн сэтгүүл дээр байсан нэг зургаас санаа авч энэ шинэ машиныг санаачилсан юм гэнэ билээ.
ダムディンさんは技術雑誌にあった1枚の絵に触発されて、この新しい機械を発想したそうだ。

Би гэдэг хүн санаанаас цаашгүй, юу ч хийж чадахгүй юм.
私という人間は、考えるだけで何もできない。

Энэ бол миний санаж сарвайдаг ганц охин минь.
これは私がとても大事にしている一人娘だ。

Ширүүн бороо орж эхлэхэд тэд санд мэнд орж иржээ.
激しい雨が降り始めると、彼らは大慌てで入ってきた。

Уух юм өгөөч, сархинаг хатчихлаа.
飲み物をくれ、のどがカラカラになっちゃたよ。

直訳は「蜂の巣胃（反芻動物の第二胃）が乾く」。

Энэ сархинаг шиг уутанд юм хийх аргагүй.
このボロボロになった袋に物を入れることはできないよ。

直訳は「蜂の巣胃のよう」。

Тэр хүнтэй уулзна гэдэг чинь солонго барихтай адил.
あの人と会うというのは夢のようなことだ。

直訳は「虹をつかむ」。

Бүсгүй хайртай хүнээ санахын эрхээр сувдан дусал унагаав.
彼女は恋人が恋しくて涙を流した。

直訳は「真珠の滴」。

Ном эрдэм сурчихвал хүний суганд хоргодолгүй амиа аваад явчихна.
学問をすれば、人の世話にならずに自立していける。

直訳は「脇下に隠れる」。

Тэр айраг уучихсан чинь сур харваад байна гэнэ.
彼は馬乳酒を飲んで下痢をしているそうだ。

直訳は「矢を放つ」。

СУУСАН ГАЗРААСАА ШОРОО АТГАХ	転んでもただでは起きない、しっかり者、無駄をしない
СҮМБЭР УУЛ ШИГ / МЭТ /	偉大な、ゆったりとして大きい、頼りがいのある
СҮНС ЗАЙЛАХ	大変怖がる、肝をつぶす、恐れる
СҮНС ХАЛИХ	驚く、びっくりする、恐れる、怖がる
СҮНСИЙГ НЬ ЗАЙЛТАЛ ААШЛАХ	厳しく叱る、恐ろしく怒る、肝をつぶすほど叱る
СҮҮ ДОЛООСОН ГӨЛӨГ ШИГ / МЭТ /	へつらう、媚びる、へりくだる、臆病になる
СҮҮДЭР ШИГ / МЭТ /	離れない、付き従う、どこに行くにも一緒
СҮҮЖ АМРАХ	休息する、横になって休む、休養を取る、休憩する
СҮҮЛ БАРИХ	最後になる、最後尾になる、一番遅れる
СҮҮЛ МУШГИХ	最後になる、最後尾になる、ビリになる

Тэр ч ёстой суусан газраасаа шороо атгадаг хүн дээ.
彼は転んでもただでは起きない人だね。

Сүмбэр уул шиг аавыгаа их санадаг юм. 直訳は「須弥山のよう」。
頼りがいのある父をよく思い出している。

Муу охин минь харанхуйд сүнсээ зайлтал айдаг. 直訳は「魂が逃げる」。
私の娘は暗闇を肝をつぶすほど怖がる。

Өөдөөс нохой хуцаж давхиад сүнс халих шахлаа. 直訳は「魂が飛ぶ」。
前から犬が吠えながら走ってきてとても怖かった。

Тэр хүний сүнсийг нь зайлтал аашилах юм.
彼は恐ろしく怒っているよ。

Сүү долоосон гөлөг шиг хүний нүүр өөд харж 直訳は「乳をなめた子犬のよう」。
чадахгүй байгааг нь харахад инээдтэй.
媚びて人の顔をまっすぐ見上げる事が出来ずにいるのを見るとおかしいね。

Би хүүхэд байхдаа ээжийгээ сүүдэр шиг дагадаг 直訳は「影のよう」。
байж билээ.
私は子供の時、いつも母にくっついて離れなかった。

Би өнөөдөр ажилдаа явахгүй сүүж амарч байна. 直訳は「太ももを休める」。長く乗馬を続けると太ももあたりが痛くなることから生じた表現。
私は今日、仕事に行かずに休んでいる。

Би тэр хуралд сүүл барьж очсон. 直訳は「尻尾を捕まえる」。
私はその会議に一番遅れて行った。

Өчигдрийн морины уралдаанд миний хээр морь 直訳は「尻尾を捩じる」。
л сүүл мушгисан.
昨日の競馬で私の栗毛馬はビリになった。

— 171 —

СҮҮЛ ХӨДӨЛГӨХ	ゆっくりと、のんびりと、ぶらぶらと
СҮҮЛ ШАРВАХ	裏切る、方向を転ずる、向きを変える、約束を反故にする
СҮҮЛГҮЙ ЧОНО	悪人、駄目な奴、ろくでなし、泥棒
СҮҮЛЭЭ СӨХӨХ	自惚れる、自慢する、高慢になる、偉ぶる
СҮҮЛЭЭ СЭРВЭЭН ДЭЭРЭЭ ХАЯХ	自惚れる、高慢になる、自慢する、偉ぶる、誇示する
СҮҮЛЭЭ ХАВЧИХ	大変恐れる、怖がる、臆する
СҮҮН СЭТГЭЛТЭЙ	温かい心、正直な人、きれいな心根の人
СЭРҮҮН ТУНГАЛАГ БАЙХ	生きている、気力がある、元気でいる（敬語）
СЭТГЭЛ БЭЛЧИХ	集中できない、注意が散漫になる、関心が分散する

Гэртээ харихдаа гурвуулаа яаралгүй сүүл хөдөлгөн гангар гунгар хөөрөлдөн явав.
家に帰る道中、3人でのんびりとあれこれ会話しながら帰った。

直訳は「尻尾を動かす」。

Анхандаа аав ижий болж байснаа сүүлдээ сүүл шарвахгүй л бол яамай даа.
最初は身内のように親しくしているが、後で裏切らなければいいがな。

直訳は「尻尾を振る」。

Аа, үүнийг сүүлгүй чоно аваад арилжээ.
ああ、これを泥棒が持ち去った。

直訳は「尾のない狼」。

Дөнгөж сая сургууль төгссөн надад сүүлээ сөхөх юм алга.
卒業したばかりの私には自慢するものはないよ。

直訳は「尻尾を上げる」。

Залуу хүн сүүлээ сэрвээн дээрээ хаяад байвал урагш ахихгүй болно.
若者は自惚れていると前進できなくなるよ。

Чоно анчин ирэхэд сүүлээ хавчаад зугтлаа.
狼は猟師が来ると怖がって逃げて行った。

直訳は「尻尾を挟む」。

Манай нутгийнхан Сүрэн эгчийг сүүн сэтгэлтэй хүн гэж ярьдаг.
スレン姉さんのことをこの付近の人々は皆、清らかな心の人だと言っている。

直訳は「乳の心を持つ」。家畜乳はプラスイメージの白の象徴。

Аав минь сэрүүн тунгалаг байхдаа надад шатар зааж өгсөн.
父は元気で暮らしていたころ、私に将棋を教えてくれた。

Оюунаа хичээлээ хийх санаатай ном дэвтрээ дэлгэсэн боловч сэтгэл бэлчээд хийж чадсангүй.
オヨナーは勉強するつもりで本とノートを出していたが、集中できなかった。

直訳は「心が牧場へ行く」。

СЭТГЭЛ ХӨРӨХ	気が落ち込む、がっかりする、心が冷める、情が冷める
СЭТГЭЛ ЦАДАХ	満足する、心が満たされる、気持ちが十分
СЭТГЭЛ ЦАЙХ	傷を癒す、許す、仲直りする、容赦する
СЭТГЭЛД ШИНГЭХ	深く理解する、しっかり心に留める、心に刻み込む

Т

ТААЛАЛ БОЛОХ	ЕРТӨНЦИЙН МӨНХБУСЫГ ҮЗҮҮЛЭХ を見よ
ТАВ АЛХАХГҮЙ	ごく近くに、ここそこに、身近なところ、ここかしこに
ТАВАН ААШТАЙ	むら気、移り気、気が多い、気まぐれな、多情な
ТАВАН АМТАЙ	おしゃべり、口数が多い、何にでも口を差し挟む、多弁
ТАВАН САЛАА БООВ ХҮРТЭХ	殴られる、叩かれる、ぶたれる

Янжмаа нөхрийнхөө тухай янз бүрийн яриа сонсоод сэтгэл хөрчээ.
ヤンジマーは夫についてのいろいろな話を聞いて気が落ち込んだ。

直訳は「心が冷える」。

Гэдэс цадсан ч сэтгэл цадахгүй байна гээд дахин нэг бууз авч амандаа хийв.
腹が一杯になっても気持ちが満足しないと言って、もう一つボーズ (包子) を取って口に入れた。

Харласан сэтгэлийн дотор алт цутгаад ч сэтгэл цайдаггүй юм байна даа.
傷ついた心の内は、どんないいことをしても癒せないものだ。

直訳は「心が白っぽくなる」。

Аавын минь ярьсан яриа сэтгэлд шингэжээ.
私は父の語った話を心に深く刻み込んだ。

Дайны талбарт тав алхахгүй л алагдсан цэргүүд тохиолдож байлаа.
戦場では、ここそこで殺された兵士たちにぶつかった。

直訳は「五歩も歩かない」。

Тэр чинь ёстой л таван ааштай авгай.
彼女はまったく気まぐれな女だ。

直訳は「5つの性質を持つ」。5は沢山、多くを表す数字の一つ。

Тэр чинь ёстой таван амтай амьтан.
彼はまったく、何にでも口を差しはさむ奴だ。

直訳は「5つの口を持つ」。

Хүүхэд байхад айлын хүүхэдтэй муудалцаж, аавaacaa таван салаа боов хүртдэг байлаа.
子供の頃、近所の子供たちとケンカをして度々父に叩かれた。

ТАВАН ХЯЛГАС	髪、髪の毛、頭髪
ТАГ ЧИГ БОЛОХ	音信がなくなる、消息がなくなる、音沙汰がなくなる
ТАЛ АЛДАХ	親しみを失くす、友情を失う、信頼を失くす、不和になる
ТАЛ ТОХОЙ ТАТАХ	コネを大事にする、コネを使う、縁故を優先する、不正で実現する
ТАЛ ТОХОЙ ХАРАХ	ТАЛ ТОХОЙ ТАТАХを見よ
ТАМАА ЦАЙХ	苦しむ、辛酸をなめる、困難を味わう
ТАНГАРАГ ТАСРАХ	大変悪くなる、どうしようもなくダメになる、縁が切れる
ТАРГА АВАХ	（家畜が）太る、脂肪が付く、肥満になる、肥える
ТАРТАГТАА ТУЛЖ, ТАМТАГТАА ХҮРЭХ	苦労する、大変なことになる、辛い思いをする、苦しむ
ТАРХИ АВАХ	ТОЛГОЙ АВАХを見よ

Таван хялгасаа самначих сам байна уу?
髪の毛をとかす櫛を持っていますか?

直訳は「5本の髪の毛」。

Хүүхэд минь цэрэгт яваад хэдэн сар таг чиг болчихлоо.
私の息子は軍隊に行って何カ月か音信不通になった。

Би тэр хүнтэйгээ дахиж уулзахгүй байсаар тал алдсан.
私はあの方と再び会わないでいるうちに親しみを失くした。

Тэр даргыг тал тохой татаж, ах дүү хамаатан саднаа ажилд авсан гэж сонсоогүй юм байна.
あの上司がコネを優先し、兄弟や親類縁者を仕事に採用したとは聞いていない。

Муу эцэг минь биднийг өсгөх гэж тамаа цайсандаа хөөрхий.
愛する父は、私たちを育てようと辛酸をなめたんだ、かわいそうに。

Юунаас болж та хоёр ингэтлээ тангараг тасрав даа?
どんな理由であなたがた二人はここまで関係が悪化したのか?

Манай нутагт сайхан зун болж мал тарга авч байна.
私たちの放牧地は、いい夏になって家畜は太っている。

Ажил эрж явсаар тартагтаа тулж, тамтагтаа хүрээд байтал ашгүй ажилтай боллоо.
仕事を探して大変苦労していたら、幸運にも仕事が見つかった。

ТАРХИ ТҮРҮҮГҮЙ	見境なく叱る、訳もなく怒る、激しく怒る、厳しく叱る
ТАРХИА ШААХ	後悔する、残念がる、遺憾に思う、悲しむ
ТАРХИА ШИРГЭЭХ	思案を巡らす、考える、思案する、思い悩む、苦慮する
ТАРХИЙГ НЬ ЭРГЭТЭЛ ААШЛАХ	激しく怒る、厳しく叱る、怖くなるほど怒る
ТАРХИН / ТОЛГОЙ / ДЭЭР ЦАХИУР ХАГАЛАХ	（知識、技術、地位の面で）上の人を追い抜く、先を越す
ТАХИЛЫГ НЬ БУРУУ ӨРӨХ	いやな思いをさせる、嫌気を起こさせる、怒らせる
ТАШУУР БАРЬЖ УУЛЗАХ	敵意を抱いて会う、敵愾心を持って会う、憎しみを持って会う
ТАШУУР ӨГӨХ	傍から物事を悪化させる、悪い状態に輪をかける、促す、せかす

Хүн гомдоолоо гэж ээж намайг тархи түрүүгүй загналаа.
人を悲しませたと言って、母は私を激しく叱った。

Ах нь больчимгүйгээс болж дэмий юм хийснээ одоо л ухаарч тархиа шааж явна.
兄は軽率に下らないことをやってしまったことに、やっと気付いて後悔している。

直訳は「脳みそを殴る」。

Тэр барилгын зураг төслийг хийх гэж тархиа ширгээж байна.
彼は建物の設計図を描こうと考えをめぐらしている。

直訳は「脳みそを乾かす」。

Тэр хүүхэн нөхрийнхөө тархийг нь эргэтэл аашилж байлаа.
あの女性は自分の夫を激しく怒っていた。

Шинээр ажилд орсон тэр хүн олон талын мэдлэгтэй, тархин дээр цахиур хагалах залуу байна.
就職したばかりの彼は、いろいろな知識があって上の人を追い抜くことができそうな青年だ。

Ямар тахилыг нь буруу өрсөн юм бол ?
どうして怒らせてしまったかな？

直訳は「祭壇を向こうに並べる」。

Түүнтэй ташуур барьж уулзмааргүй байна.
彼に対して敵意を持って会いたくない。

直訳は「鞭を持って会う」。鞭は馬を叩くもの、人と会うのに鞭持参は礼を失する。

Доржийг шийдэж ядаж байтал хажууд нь байсан хүмүүс ташуур өгч, Дорж тэр үнэтэй морийг авах боллоо.
ドルジが決断できなくて悩んでいるところに、傍の人たちに促されて彼はその高い馬を買うことになった。

直訳は「ムチを与える」。

ТОГЛООМ ТОХУУ БОЛОХ	嘲笑される、笑い物になる、馬鹿にされる、冷笑される
ТОГОО БАРИХ	食事を作る、料理人になる、調理する、包丁を握る
ТОГОО НЭРЭХ	泣く、しくしく泣く、涙を流す
ТОГОО ТАВИХ	酒を造る、蒸留酒を造る、酒を蒸溜する
ТОГОО ТОСЛОХ	家畜を処理して食べる、肉を料理する、肉料理をする
ТОГОО ХАГАРАМТГАЙ	無駄口を叩く、大げさに話す、うるさく言う、がみがみ言う
ТОГОО ШИГ ГЭДЭСТЭЙ	お腹が大きい、妊娠した、孕んだ
ТОГООНЫ ХҮН	妻、女房、主婦、嫁
ТОГОРУУНЫ НҮД ШИГ	ちいさな、ほんの小さい、かなり小さい
ТОЛГОЙ АВАХ	厳しく叱る、激しく叱責する、厳しく訓戒する

Малд муу гэж амьтны тохуу болохгүй гэж Дондог хичээсээр сайн адуучин болжээ.
ドンドグは家畜の世話ができないと馬鹿にされまいと頑張っているうちに馬飼い名人になった。

Хэн тогоо барих юм бэ? 直訳は「鍋を握る」。
誰が食事を作るのかな?

Цэрэгт явсан хүүгээс нь захиа сураггүй болохоор ээж нь хааяа хааяа тогоо нэрчихдэг байжээ.
兵役に就いた息子から手紙が来ないことで母親は時々、しくしく泣いていた。

直訳は「鍋で蒸留する」。酒を蒸留する際の発酵する音から生じた表現。

Цэрмаа эгч бид хоёрт тогоо тавьж өглөө. 直訳は「鍋を置く」。
ツェルマー姉さんは私たち二人のために蒸留酒を造ってくれた。

Зах дээрээс хонь авч тогоо тослоё гэж бодож байна. 直訳は「鍋に脂を塗る」。
市場から羊を買ってきて料理して食べようと考えている。

Дулам гуай их бага юманд тогоо хагарамтгай хүн дээ.
ドラムさんは小さなことを大げさに話す人だよ。

Тогоо шиг гэдэстэй охиндоо тус болох гэж ээж нь тэр холоос зорин иржээ.
妊娠した娘の手助けをしようと、母親が遠くからわざわざやって来た。

Дорж тогооны хүнтэй болсон. 直訳は「鍋の人」。
ドルジは嫁さんを娶った。

Тогорууны нүд шиг хундаганд архи хийж барив. 直訳は「鶴の目のよう」。
ほんの小さな盃に酒を入れて捧げた。

Манай дарга толгой авчих шахлаа.
私たちの上司は厳しく叱責した。

ТОЛГОЙ ГАНЗАГАЛАХ	がっかりする、元気がない、気落ちする
ТОЛГОЙ ГАШИЛГАХ	思い悩む、大変苦慮する、思案する
ТОЛГОЙ ДААХ	自立する、独立する、自分のことは自分でする
ТОЛГОЙ ДЭЭР ГАРАХ	（主に目下の者が目上の者を）押さえつける、威張る、支配する
ТОЛГОЙ ДЭЭШ ТАТАХГҮЙ	休まず根気よく、疲れを知らずに、熱中する、努力する
ТОЛГОЙ ЗАЛГИХ	死なせる、殺す、殺害する
ТОЛГОЙ МӨРӨН ДЭЭР БАЙХ	生きている、元気でいる、活気がある
ТОЛГОЙ МУУТАЙ	頭が悪い、馬鹿、考えが浅い
ТОЛГОЙ МЭДЭХ	自立する、独立する、他人に頼らない
ТОЛГОЙ НЬ ЭРГЭХ	目が回る、混乱する、困惑する
ТОЛГОЙ ӨВДӨХ	困る、苦しむ、悩む、頭の痛い

Чи яагаав? Толгойгоо ганзагалчихсан явах чинь.
どうしたのか？ 元気がなさそうだが。

直訳は「頭を馬の鞍ひもに付ける」。

Тэр асуудлыг яаж шийдэх вэ гэж толгойгоо гашилгаж сууна.
彼はその問題をどう解決しようかと悩んでいる。

直訳は「頭を酸っぱくする」。

Хүүхдийг багаас нь толгой дааж амьдрахад сургах нь сайн.
子供たちには、小さい時から自立して生活することを教えるのがいい。

Шарав гуайн том хүү бүүр эцгийнхээ толгой дээр гарч байна.
シャラブさんのところの長男は、父親に対して威張っている。

Толгой дээш татахгүй сууж номоо уншиж дуусгалаа.
休まず根気よく熱中して本を読み終えた。

Дайн хичнээн мянган аавын хүүгийн толгойг залгив даа.
戦争は何千という息子たちを死なせたのだ。

直訳は「頭を飲み込む」。

Толгой мөрөн дээр байх цагт чамд би дарлуулахгүй.
生きているうちは、俺はお前に押さえつけられないぞ。

直訳は「頭が肩の上にある」。

Тэр чинь толгой муутай амьтан.
彼は考えが浅い奴だ。

Би энэ ажлыг толгой мэдээд хийж чадна.
私はこの仕事を誰にも頼らず仕上げることができる。

Миний толгой бүүр эргэжээ.
私の頭はかなり混乱した。

直訳は「頭が回る」。

Энэ чинь толгой өвдөх асуудал даа.
これは頭の痛い問題だな。

— 183 —

ТОЛГОЙ ӨӨД ТАТАХГҮЙ	ТОЛГОЙ ДЭЭШ ТАТАХГҮЙを見よ
ТОЛГОЙ РУУГАА УС АСГАХ	自業自得、自業自縛、天に唾する、悪行の報いを受ける
ТОЛГОЙ РУУГАА УС ХИЙХ	ТОЛГОЙ РУУГАА УС АСГАХを見よ
ТОЛГОЙ ТҮРҮҮГҮЙ	НҮҮР НҮДГҮЙを見よ
ТОЛГОЙ УНЖУУЛАХ	がっかりする、気落ちする、絶望する、元気がない
ТОЛГОЙ ХАВЧУУЛАХ	仮の居所を得る、仮住まいする、引きこもる所を得る
ТОЛГОЙ ХОЛБОХ	仲良くする、親密にする、親友になる
ТОЛГОЙ ХОРГОДОХ	一時的に住む、仮住まいする、一時暮らす
ТОЛГОЙ ХӨӨДӨХ	困らせる、面倒をかける、悩ませる
ТОЛГОЙ ХЯРГАХ ШАХАХ	むやみに怒る、あたりかまわず叱る、理由もなしに怒る
ТОЛГОЙ ЦОХИХ	優秀な、先頭に立つ、頂上に登る
ТОЛГОЙ ЦУСДАХ	災難にあう、不幸になる、重荷になる、失敗する

Би ч өөрөө өөрийхөө толгой руу ус асгасан хүн дээ. 私というのは自分で自分を困らせている人間だ。	直訳は「自分の頭に水をかける」。

Миний хүү яагаа вэ？ Толгойгоо унжуулчихсан явах чинь. 息子よ、どうしたんだ？ 元気がなさそうだが。	
Дэрэм толгой хавчуулах газар олоод санаа нь амрав. デレムは逃げ場所を見つけて安心した。	直訳は「頭が挟まれる」。
Тэр өсөх идрээс толгой холбосон миний хань. 彼は子供の時から仲良くしていた私の親友だ。	直訳は「頭を結ぶ」。
Одоо би толгой хоргодох байр эрж явна. 私は今、仮住まいする住居を探している。	直訳は「頭を置く」。
Тус болсон ачтай хүнийхээ толгойг хөөдөх юм хийж болохгүй шүү. 助けてくれた恩人を困らせるようなことをしてはいけないよ。	直訳は「頭に煤をかける」。
Ээж минь намайг архи уулаа гэж толгой хяргах шахлаа. 母は私が酒を飲んだと、あたりかまわず怒った。	直訳は「首を切るほど」。
Манай Отгонсүрэн чинь ангидаа сурлагаараа бол толгой цохино шүү. 私たちのオトゴンスレンはクラスで成績はトップだよ。	直訳は「頭を打つ」。
Дүү минь ийм эвгүй хүнтэй шинжлэлгүй бүү нөхөрлө, толгой цусдах болно шүү. 弟よ、こんな変な奴とむやみに仲良くなるな、不幸になるぞ。	直訳は「頭を血だらけにする」。

ТОЛГОЙ ШААХ	ТАРХИА ШААХを見よ
ТОЛГОЙ ШИЙДЭХ	気ままに振る舞う、勝手に決める、好き勝手をする、他人に頼らない
ТОЛГОЙ ЭРГҮҮЛЭХ	困惑させる、思い悩ます、迷わせる
ТОЛГОЙГ НЬ ИЛЭХ	甘やかす、ちやほやする、鼓舞する
ТОЛГОЙГ НЬ МЭДЭХ	抑えつける、支配する、しつける
ТОЛГОЙДОО БУЛУУ ХУРААХ	自分に負担になることをする、自己を犠牲にする、困難なことを引受ける
ТОЛГОЙНООС АВЧ ХАЯХ	忘れる、無理矢理に忘れる、あえて忘れる
ТОЛГОЙНЫ ҮС БОСОХ	恐れる、怖くなる、恐怖する、ぞっとする
ТОЛГОЙТОЙ ҮСНЭЭС ИХ	たくさん、多い、夥しい
ТОМ ТОЛГОЙ ГАРГАХ	傲慢に振る舞う、偉ぶる、自惚れる
ТОМ ҮГ	ИХ ҮГを見よ

Энэ асуудлыг зөв шийдэхэд сайн ярилцах хэрэгтэй, толгой шийдэж болохгүй байхаа.
この問題を正しく解決するためにはよく話し合うことが必要だ、勝手に決めてはだめだろう。

Найз минь чи битгий толгой эргүүлсэн юм яриад бай. 直訳は「頭を回転させる」。
友よ、お前は困惑させるようなことを話さないでくれ。

Буруу юм хийсэн хүний толгойг илээд байж болохгүй. 直訳は「頭を撫でる」。
悪いことをしている者を甘やかしてはいけない。

Би хүүхдийнхээ толгойг нь мэднэ.
私は自分の子供のしつけをする。

Хүнд тус болох гэж толгойдоо булуу хураадаг хүн дээ та. 直訳は「頭に髄骨をつける」。
人の役に立とうと自分を犠牲にする人だね、あなたは。

Би Дулмаагийн тухай толгойноосоо авч хаях гэж их хичээж байна.
私はドルマーについて、何とか忘れようと努力している。

Тэр мэдээг сонсоод толгойны үс босох шахлаа. 直訳は「髪の毛が立つ」。
彼はそのニュースを聞いてぞっとした。

Гэрийн даалгавар толгойтой үснээс их байна. 直訳は「髪の毛より多い」。
宿題が山ほどたくさんある。

Чи эцгийнхээ дэргэд том толгой гаргах болоогүй шүү. 直訳は「大きな頭を出す」。
お前は父親の前で偉ぶるのは早いぞ。

— 187 —

ТОМ ҮҮЛНИЙ ТОЛГОЙ ЦУХУЙХ	大きなことの一部が分かる、氷山の一角が明らかになる
ТОО АЛДАХ	多数、数え切れない、繰り返し、大変多い
ТООС ХӨДӨЛГӨХ	生きている、暮らしている、生活する
ТОС ИДЭЖ ТОРГОНД ХӨЛБӨРӨХ	金持ちの家でわがままに育つ、何不自由なくわがままに育つ
ТОХОЙН ЧИНЭЭ	小さい、ちっちゃな、些細な
ТӨВГИЙН НЭМЭР	面倒くさい、迷惑
ТӨӨ ЗАЙГҮЙ	ЗҮҮ ОРОХ ЗАЙГҮЙ を見よ
ТӨРИЙН ХУТГУУР	中傷を流して混乱させる、噂を振りまく、政治的な裏切り
ТӨРӨЛ АРИЛЖИХ	死ぬ、亡くなる、寿命を終える、生まれ変わる
ТӨРӨӨГҮЙ ХҮҮХДЭД ТӨМӨР ӨЛГИЙ БЭЛТГЭХ	早手回し、皮算用をする、不確実なことに期待をかけて準備する

Энэ мөнгө төгрөгний хэл ам зүгээр ч нэг хэл ам биш дэгээ, том үүлний толгой цухуйж байх шиг байна.
この金錢の噂は単なる噂ではないよ、氷山の一角のようだ。

Тэр хүн дипломат хүн болохоор гадаадад явсан нь ч тоо алджээ. 直訳は「数を失くす」。
彼は外交官なので外国に行った回数は数えきれない。

Би энэ хорвоод 70 жил тоос хөдөлгөж явна. 直訳は「埃を動かす」。
私はこの世で70年間生きているよ。

Баяр ч тос идэж торгонд хөлбөрч өссөн хүн дээ.
バヤルというのは何の不自由もなくわがままに育った奴だよ。

Тохойн чинээ хүү минь эрийн цээнд хүрч айлын гэрийн эзэн боллоо. 直訳は「肘ほどの」。
小さかった我が息子が一人前になり、結婚して家の主になった。

Төвгийн нэмэр, наад ажлаа орхи.
面倒くさいよ、この仕事をあきらめなさい。

Их хурлын гишүүн хүн төрийн хутгуур болж болохгүй.
国会議員は政治的な裏切りをしてはいけない。

Лам багш минь ная гарч байж төрөл арилжсан даа, хөөрхий! 直訳は「生物の種を替える」。チベット仏教の輪廻転生から生じた表現。
ご僧侶は80歳を過ぎて亡くなられた、ああ哀れな!

Таван жилийн дараа шинэ лаборатори барих сургаар манай инженер одоо тоног төхөөрөмжийн тухай яриад эхэллээ. Төрөөгүй хүүхдэд төмөр өлгий бэлтгэнэ гэдэг л энэ байх даа.
5年後に新研究所を建設する噂で技師たちは今から設備について話している。皮算用というのはこれだな。

ТУГАЛГАН БӨГСТЭЙ	鈍い、仕事が遅い、尻が重い、のろま
ТУЛГА ТОЙРСОН	目先だけの、瑣末なこと、身の回りのこと、家事周辺のこと
ТУЛГА ТУЛАХ	家を支える、後継ぎをする、家系を守る
ТУЛГЫН ЧУЛУУ ТАВИХ	基礎を築く、土台を作る、礎を築く、礎石を置く
ТУЛГЫН ЧУЛУУ ТҮШИХ	協力する、中心的な役目を果たす、基礎を作る
ТУРСАГЫГ НЬ ХУУЛАХ	ひどく怒る、厳しく叱る、激しく咎める、叱責する
ТУСЫГ УСААР	恩を仇で返す、裏切り、恩知らずな
ТУУЛАЙ ШИГ	大変臆病、怖がり、びくびくする、用心深い
ТУУЛАЙН ЗҮРХ ГАРГАХ	ТУУЛАЙН ЗҮРХТЭЙを見よ
ТУУЛАЙН ЗҮРХТЭЙ	臆病な、些細なことに怖がる、弱虫な
ТҮМ ТҮЖИГНЭЖ БУМ БУЖИГНАХ	多くの人が集まる、混雑する、雑踏の

Манай Баяраа ч тугалган бөгстэй хүн дээ. われわれのところのバヤラーというのは鈍い人だ。	直訳は「尻が鉛」。
Эр хүн тулга тойрсон юм яриад яахав. 男が瑣末なことばかり話していてどうする。	直訳は「五徳の周囲」。
Манайх тулга тулах хүүтэй боллоо. 私のところには後継ぎの男の子ができたよ。	
Тэд нар энэ хотын тулгын чулууг тавьсан улс шүү. あの人たちはこの街の基礎を築いた人たちだ。	直訳は「五徳の石を置く」。
Тэд нар сумынхаа тулгын чулууг түших гэж эрвийх дэрвийхээрээ хичээсэн. 彼らは村の基礎を作るために一所懸命に努力した。	
Үгэнд орсонгүй гэж өвөө хүүхдүүдийн турсагыг хуулах шахав. 言うことを聞かないといって、お祖父さんは子供たちを厳しく叱った。	直訳は「皮膚を剥ぐ」。
Тусыг усаар хариулж болохгүй. 恩を仇で返してはいけない。	
Би хүүхэд байхад туулай шиг аймхай байж билээ. 私は子供の頃はとても臆病で怖がりだった。	直訳は「ウサギのような」。ウサギは臆病な動物の代表のように見られている。
Иймхэн юмнаас айж байдаг яасан туулай зүрхтэй амьтан бэ, чи. こんなことを怖がるなんて、なんて臆病な奴なんだ、お前は。	直訳は「ウサギの心臓を持つ」。
Тэр жаал түм түжигнэж бум бужигнасан их хотод очоод анхан яах ч учраа олохгүй болжээ. あの少年は人が多数集まる大都会に行って、最初はどうしていいか分からなくなってしまった。	

ТҮМЭН ЗӨВ	ДОЛООН ЗӨВを見よ
ТҮР ТАР ХИЙХ	喧嘩をする、いさかいする、争う、いがみ合う
ТҮРЭЭ БАРИХ	誰かを楯にする、強い者の陰で身を守る、誰かを防護壁にする
ТҮҮХИЙ СҮҮНИЙ БЯСЛАГ ШИГ	決断のない、判断力がない、決断しない、優柔不断
ТЭЛЭЭ ХУРГА ШИГ	中途半端、優柔不断、どっちつかず
ТЭМЭЭ ГЭХЭЭР ЯМАА ГЭХ	わがまま、天の邪鬼、物知らず
ТЭМЭЭ ТУЙЛЧИХСАН ЮМ ШИГ / МЭТ /	混乱した、無秩序の、整理されていない、乱雑な
ТЭМЭЭ ЯМАА ХОЁР ШИГ / МЭТ /	大違いの、正反対な、まったく異なる、両極端の
ТЭМЭЭНЭЭС ТЭМДЭГТЭЙ	よく目立つ、際立つ、飛びぬけた

Би цаашдаа хүнтэй түр тар хийхгүй л явах юмсан.
私は将来、誰とも喧嘩をしないようにしたい。

Болд аавтайгаараа түрээ бариад дандаа сахилгагүйтэж байх юм.
ボルドはいつもお父さんを楯にして悪さをするよ。

Түүхий сүүний бяслаг шиг дусагнаад байлгүй хурдан шийдсэн нь дээр байхаа.
優柔不断にしていないで、早く決定したらいいだろう。

直訳は「生ミルクで作ったチーズのよう」。

Тэлээ хурга шиг ингэж хоёр айлын хооронд явах өөрт нь ч хэцүү баймаар юм даа.
中途半端でこのように二つの家の間にいるのは、本人が大変じゃないのかな。

直訳は「2頭の親に育てられた子羊のよう」。

Манай эгч тэмээ гэхэд ямаа гэдэг хүн байгаа юм.
うちの姉は天の邪鬼な人だよ。

直訳は「ラクダと言うとヤギと言う」。ラクダとヤギは姿、行動などが好対照の家畜、そこから出た表現。

Хүүхүүд ээ, гэр орноо сайхан янзал, тэмээ туйлчихсан юм шиг болчихож.
子供たちよ、家の中を片付けなさい、乱雑に散らかっているよ。

直訳は「ラクダが暴れたような」。

Бид хоёр төрсөн ах дүү мөн ч гэлээ тэмээ ямаа хоёр шиг өөр зантай.
私たち二人は実の兄弟だが、まったく正反対の性格だ。

直訳は「ラクダとヤギの2匹のよう」。

Сумын төвд тэмээнээс тэмдэгтэй нэг гэр бий.
村にはすごく目立つ家が一つある。

直訳は「ラクダより目立つ」。ラクダはモンゴル草原で一番大きな動物。

ТЭНГЭР ГАЗАР НИЙЛЭХ	猛吹雪、猛砂塵などで真っ暗になる、吹雪や大雨などになる
ТЭНГЭР ГАЗАР ХОЁР ШИГ	まったく別もの、完全に違ったもの、相反するもの
ТЭНГЭР Л МЭДНЭ	天次第、運任せ、成るようになる、どうなるか分からない
ТЭНГЭР ХАЯХ	АЗ ХАЯХを見よ
ТЭНГЭР ШИРТЭХ	呆然とする、茫然自失する、することがない、ボーとする
ТЭНГЭРИЙН УМДАГ АТГАХ	幸運にあう、貴重なものを手に入れる、運に恵まれる
ТЭНГЭРИЙН ЦАРАЙГ ХАРАХ	天気の様子をみる、自然を観察する、成りゆき任せ、誰かに頼る
ТЭНГЭРТЭЙ БАЙХ	ОДТОЙ БАЙХを見よ
ТЭНГЭРЭЭС ТЭМДЭГТЭЙ	ТЭМЭЭНЭЭС ТЭМДЭГТЭЙを見よ
ТЭНГЭРЭЭС УНАСАН МЭТ / ШИГ /	突然、思いもよらずに、思ってもみないうちに
ТЭР ЧИГЭЭРЭЭ	徹底的に、構わず押し通す、そのまま、頑固になる

Шороон шуурга болж тэнгэр газар нийлэх шахлаа.
砂嵐が来て真っ暗になった。

直訳は「天と地が一緒になる」。

Тэр хүний хийж байгаа, хэлж байгаа хоёр нь тэнгэр газар хоёр шиг.
その人のやっていることと話している二つのことは、まったく相反することだ。

直訳は「天と地のよう」。

Чадах бүхнээ хийлээ, одоо тэнгэр л мэдэж дээ.
できることを精いっぱいやったよ、あとは運次第だ。

直訳は「天が知っている」。

Би гэдэг хүн тэнгэр ширтэж хэд хоноло, маргаашнаас ажил хайхаас.
私という人間は何日もただボーとしていたが、明日からは仕事を探そうと思っている。

直訳は「空を見つめ続ける」。

Тэр сайхан хүүхэнтэй суувал ч тэнгэрийн умдаг атгах нь тэр ээ.
あの素晴らしい女性と結婚できれば、幸運を掴むというそれだね。

直訳は「天の隆起を掴む」。

Малчин хүн гэдэг чинь тэнгэрийн царайг харж амьдардаг улс.
牧畜民というのは自然を観察しつつ暮らしている人たちだ。

直訳は「空の顔を伺う」。

Гэрэл сураг чимээгүй хэдэн сар болсноо, нэг л өдөр тэнгэрээс унасан юм шиг хүрээд иржээ.
ゲレルは消息もなく数か月経たある日、突然戻ってきた。

直訳は「天から落ちたよう」。

Амараа өөрийнх нь буруу ч байсан тэр чигээрээ л зүтгэчихдэг юм.
アマラーは自分が誤りであっても、そのまま押し通しているよ。

— 195 —

ТЭСРЭХ ШАХАХ	腹を立てる、怒る、憤る
ТЭЭР ШААХ	面倒くさがる、嫌になる、煩わしくなる

У

УДААН АМТАЙ	無口、口数が少ない、寡黙、口が重い
УДААН БӨГСТЭЙ	動きが遅い、行動が鈍い、鈍重な
УЛ БОЛОХ	古くなる、忘れる、忘れ去られる、終わる
УЛ ШАГАЙХ	アラを探す、他人の欠点、欠陥を大げさにみる
УЛААН ГАРААРАА	素手で、道具なしで、手だけで
УЛААН ЗЭЭРД БОЛОХ	酔っぱらう、泥酔する、銘酊する
УЛААН МӨНГӨГҮЙ	無一文、まったく金がない、貧乏、赤貧

Дарга ажил нь бүтэхгүй тэсрэх шахлаа.
上司は仕事が完成せずに腹を立てている。

Дулаан хувцсаа тээр шаагаад орхичихсон.
私は暖かいコートが煩わしくなって置いてきてしまった。

Манай аав уулаас удаан амтай хүн. 私の父はもともと口数の少ない人だ。	直訳は「口が遅い」。
Удаан бөгстэй хүний ажил мөд бүтэхгүй. 行動の鈍い人の仕事はそう簡単に完成しない。	直訳は「尻が遅い」。
Тэр үе ул болж дээ. その時代はもう終わったね。	直訳は「靴底になる」。
Хүний ул шагайлаа гэж Жамц гуай тэр хүнд уурлажээ. 人のあら探しをしていると言って、ジャムツさんは彼を怒った。	直訳は「靴底を覗く」。
Бид ийм том нүхийг яаж улаан гараараа ухах юм бэ? 私たちはこんな大きな穴をどうやって素手で掘ろうというのか?	直訳は「赤い手で」。「赤」は後ろの名詞を強調するときにしばしば使われる。
Аав маань хүүгээ холоос ирсэнд баярлаад улаан зээрд болчихсон байлаа. 父は息子が遠くから帰ってきたのを喜んで、すっかり酔ってしまった。	
Би өнөөдөр дэлгүүрээс шинэ телевиз худалдаж аваад өвөртөө улаан мөнгөгүй үлдлээ. 私は今日、店で新しいテレビを買って懐は無一文になってしまった。	直訳は「赤い金無し」。

УЛААН НҮҮРЭЭРЭЭ	直接会う、直接顔を合わせる、会う
УЛААН НЭЛИЙ БОЛОХ	血ぬられる、血で赤くなる、顔が真っ赤になる
УЛААН САЛХИ	強い風、強風、烈風、吹き荒れる風
УЛААН ХАЛЗ	直接会う、突然出くわす、思わず顔を合わせる
УЛААН ЦАЙМ	隠しごとなく、恥じることなく、あからさまに、厚顔な
УЛАНДАА ГИШГЭХ	他人の言葉、忠告を無視する、人の意見を聞かない
УЛИГ ДОМОГ БОЛОХ	同じことを繰り返して話す、くどくどと言う、何度も蒸し返す
УЛЫГ ДОЛООХ	へつらう、おべっかを使う、媚びる、人におもねる
УЛЫГ НЬ ОЛОХ	根拠を得る、証拠を明らかにする、理由を見つける
УМ ХУМГҮЙ	大変慌てて、大急ぎで、ひどく慌てて
УРГАА ХАД	БУЛ ЧУЛУУ を見よ

Надаас нүүр буруулаад байсан Доржтой үүдэн дээр улаан нүүрээрээ туллаа. 私と会うのを避けていたドルジと門前で直接顔を合わせた。	直訳は「赤い顔で」。
Машинд дайруулсан хүн улаан нэлий болчихсон хэвтэж байв. 車にぶつけられた人が血で真っ赤になって倒れていた。	
Өглөөнөөс хойш улаан салхи босоод, урдах зам ч харагдахгүй сандарлаа. 朝から強風にあおられて、前もよく見えなくて困った。	直訳は「赤い風」。
Дамба өөрийгөө зодсон залуутай гудамжны буланд улаан халз тулжээ. ダンバは自分を殴った若者と道端でばったり出くわした。	直訳は「赤い正面」。
Тэр хоёр бидний дэргэд улаан цайм үнсэлцэв. あの二人は恥ずかしがることもなく、私たちのそばで口づけした。	
Чи ч хүний хэлсэн үгийг уландаа гишгэдэг хүн юмаа. お前というのは人の意見を聞かない奴だな。	直訳は「足で踏み潰す」。
Тэр дарга хурал дээр улиг домог болсон нөгөө л үгээ нуршаад байсан. あの上司は会議で何べんも、あの同じことを繰り返し話していた。	
Бурхны авралаар хүний ул долоолгүй өдий хүрчээ. 仏様のお陰で人様にへつらうことなくここまできた。	直訳は「足裏をなめる」。
Шүүгч хэргийн улыг нь зөв олжээ. 裁判官は事件の証拠を正確に明らかにした。	直訳は「靴底を見つける」。
Тэр залуу түймэр гарсан байшин руу ум хумгүй харайн оров. その青年は火事が出たその建物に大慌てで飛び込んだ。	

УРДАА БАРЬДАГ	優秀な、最良のもの、先頭に立つ
УРТ ГАРТАЙ	泥棒、スリ、盗人
УРТ ХАЙРХАН	蛇
УРТ ХОШУУТАЙ	噂を振りまく、流言を流す、中傷する
УРТ ЧИХТЭЙ	聞き耳がいい、耳が早い、情報通
УРУУ ЦАРАЙЛАХ	元気がない、勇気がない、がっかりしている
УРУУЛ УНЖУУЛАХ	乞い願う、懇願する、嘆願する、頼む
УРУУЛ ЦООЛОХ	狩をする、猟をする、殺す
УРХИНД ОРОХ	騙される、ワナにかかる、欺かれる

Манай ах үйлдвэртээ урдаа барьдаг инженер шүү.
私の兄は工場では優秀な技師だよ。

Лувсан гуайн том хүүг зарим хүмүүс урт гартай л гэгцээх юм.
ルブサンさんの長男を、ある人たちは泥棒だと言っている。

直訳は「長い手を持つ」。

Сая тэнд нэг урт хайрхан байсан.
さっきそこに蛇が一匹いた。

直訳は「長い神様」。

Урт хошуутай хүнээс хол явсан нь дээр.
噂を振りまく人からは遠ざかった方がいいよ。

直訳は「長い口ばしを持つ」。

Дулмаа гуай нээрэн урт чихтэй хүн шүү, хэн ч сонсоогүй юмыг аль хэдийн сонсчихсон хов болгоод л явж байх юм.
ドルマーさんは本当に耳が早い人だよ、誰も聞いていないことを耳にして噂として流している。

直訳は「長い耳を持つ」。

Битгий уруу царайлаад бай, эр хүн нэг дордоход өндийх цаг байлгүй яахав.
元気を失くすな、男は一度だめになっても立ち上がるときがくるものだよ。

直訳は「下向きな顔をする」。

Цэцэгмаа ээждээ уруул унжуулан байж хэдэн төгрөг аваад найз нартайгаа уулзахаар явав.
ツェツェグマーは母に懇願してお金をいくらか貰って友人に会いに行った。

直訳は「唇を垂れ下げる」。

Ням гуай өнөөдөр тав зургаан хулгарын уруул цоолов уу даа?
ニャムさんは今日、5、6頭のタルバガンを射止めたか?

直訳は「唇に穴を開ける」。

Ухаантай амьдарвал хүний урхинд орохгүй.
頭を使って暮していれば、人に騙されることはない。

УРЬДААР ДУУГАРСАН ХӨХӨӨНИЙ АМ ХӨЛДНӨ	先に言うと失敗する、言いだしっぺは損をする、急ぐと損する
УС АГААР ШИГ ЧУХАЛ	大変重要、大変必要、必要不可欠
УС БАЛГАСАН ЮМ ШИГ	黙っている、無言の、何も話さない、口を閉ざす
УС БОЛОХ	邪魔になる、毒になる、妨げになる
УС УУХ ХУВЬТАЙ	生きる、寿命がある、（生きる）運がある
УС УУХ ХЭМЖЭЭ НЬ ДУУСАХ	АМЬСГАЛЫН ТОО ГҮЙЦЭХ を見よ
УС ЦАС ШИГ	①上手な、たいへん能力のある、才能ある、優れた ②大変豊富な、沢山の、多量な、一杯
УСАН АМТАЙ	いつも元気のないことを話す、暗い話ばかりする、マイナス思考で話す
УСАН НҮДЛЭХ	泣く、涙を流す、悲しみ

Урьдаар дуугарсан хөхөөний ам хөлднө гэгчээр би хурал дээр түрүүлээд санал гаргачихсан минь өөртөө гай боллоо.
言いだしっぺは損というとおり、私は会議で最初に意見を出してしまって自分自身が災難を被った。

Бидэнд техник сайн мэддэг хүн ус агаар шиг чухал байна.
私たちには技術をよく知っている人が大変必要だ。

Аав минь юу ч болж байсан ус балгачихсан юм шиг сууж байдаг хүн байсан. | 直訳は「口に水を飲み込んだよう」。
私の父は、何があっても黙って座っている人だった。

Тус болох гэсэн чинь ус болчихлоо. | 直訳は「水になる」。
役に立つつもりだったが、逆に邪魔になってしまった。

Ах маань машины осолд ороод амь гарсан. Ус уух хувьтай л хүн юм даа. | 直訳は「水を飲む運命がある」。生涯で飲む水の量は定まっているという考えから生じた表現。
私の兄は自動車事故に遭ったが命が助かった。運がある人だ。

①Танака гуай монголоор ярина гэж ус цас шиг. | 直訳は「水と雪のよう」。
田中さんはモンゴル語を実に上手に話す。
②Манай энэ хотод ус цас шиг олон машинтай.
私たちのこの街には、実に沢山の車が走っている。

Дандаа л бэлэггүй юм ярьж байдаг усан амтай хүн тэр болгон байхгүй биз. | 直訳は「口が水っぽい」。
いつも出来ないことばかり話す元気のない人は、それほど多くはないよ。

Усан нүдлээд муу ёрын гэдэг нь, эр хүн уйлдаггүй юм. | 直訳は「水の目をする」。
涙を流すのは不吉だ、男は泣かないものだ。

— 203 —

УСАН ТОЛГОЙТОЙ	間抜け、愚か者、馬鹿、愚者、ぼんやりした者
УСАН ТЭНЭГ	大馬鹿者、間抜け、愚か者
УСАН ХУЛГАНА БОЛОХ	大汗をかく、びしょ濡れになる、びしょびしょに濡れる
УУЖИМ ДОТОРТОЙ	寛容な心、気持ちが広い、心がゆったりしている、気が長い
УУЛ ТОЛГОЙ ШИРВЭХ	横柄に振る舞う、偉ぶる、傲慢になる
УУРГЫН МОРЬ ШИГ	突っ走る、後ろも振り返らない、見境なく走る
УУХАЙН ТАС	直接、即刻、すぐに
УХААН ГҮЙХ	よく理解する、理解が早い、よく知恵がまわる
УХААН ЖОЛООГҮЙ	大慌てする、大急ぎする、慌てふためく
УХААН ЗАРАХ	頭を使う、知恵を出す、頭脳を使う

Тэр чинь ёстой юу ч ойлгодоггүй усан толгойтой амьтан.
彼はまったく何も理解していない愚か者だ。

直訳は「水の詰まった頭」。

Би гэж усан тэнэг амьтан юмаа.
私というのは、大馬鹿者だな。

Түүний морь нь усан хулгана болсон байлаа.
彼の馬は汗でびっしょりになった。

直訳は「水をかぶったネズミになる」。

Танай аав ч уужимхан дотортой хүн дээ.
あなたのお父さんは心の広い人だね。

Хүнтэй ойр дотно явахгүй, уул толгой ширвээд явах юм бол найз нөхөд холдоод хэцүү дээ.
人と仲良くせずに横柄に振る舞っていると、友人たちが離れて行って辛いよ。

Дорж гуай яасан юм бол? Уургын морь шиг.
ドルジさんはどうしたのかな？　後ろも見ずに突っ走っていくよ。

直訳は「馬捕り棹の馬のよう」。

Дарга намайг Архангайд ажлаар явах уу гэхэд нь би уухайн тас тэгье л гэлээ.
上司が私にアルハンガイに仕事で行くかと言ったので、私はすぐに行きましょうと答えた。

Наран ч арилжаа наймаа гэхлээр ухаан нь гүйдэг хүн дээ.
ナランは商売と言うと、よく知恵のまわる人だよ。

直訳は「知恵が走る」。

Батхүү өнөө өглөө оройтож боссон тул сургууль руугаа ухаан жолоогүй гараад давхилаа.
バトフーは今朝、遅く起きたため学校に大慌てで駆けて行った。

Зах зээлийн үед хүн ухаан зарж амьдрахаас өөр аргагүй.
市場経済の時代には、人間は頭を使って生きるしかない。

直訳は「知恵を売る」。

УХААН НЬ ШИРГЭХ	思慮が浅くなる、理性を失う、愚鈍になる、ボケる
УХААН СУУХ	知恵が付く、会得する、賢くなる
УХААН УРТТАЙ	知恵がある、見識がある、物事を深く考える人
УХААНГҮЙ АЙХ	大変怖がる、恐れる、怖気づく、ひるむ

Y

ҮГ АВАХ	忠告に従う、人の言葉に従う、助言を受け入れる
ҮГ АВАХГҮЙ	人の意見を聞かない、意見を無視する、忠告を受けない
ҮГ АЛДАХ	АМ АЛДАХを見よ
ҮГ ГАЗАР ГЭЭХГҮЙ	口ごたえの多い、口の減らない、ああ言えばこう言う
ҮГ ДУУГҮЙ	無条件で、問答無用に、じっと静かに、ただ黙々と
ҮГ ЗӨӨХ	上の者に不満や悪口を持っていく、告げ口をする、言い付ける
ҮГ СОЛИХ	話し合う、会話をする、言葉を交わす

Нас ахихаар хэн ч ухаан ширгэнэ гээч болдог бололтой. 　　直訳は「知恵が蒸発する」。
歳を取ると、誰でも思慮が浅くなるようだ。

Хүү минь өдрөөс өдөрт ухаан сууж байна. 　　直訳は「知恵が座る」。
私の息子は、日に日に知恵がついているよ。

Дорж гуай ухаан урттай хүн сайн мэднэ, Дорж гуайгаас л асууя. 　　直訳は「知恵が長い」。
ドルジさんは見識があり、物事をよく知っている方だ、彼に聞いてみよう。

Би багадаа могойноос ухаангүй айдаг байж билээ.
私は子供の頃、蛇を大変恐れていたよ。

Бат бол хүний үг авдаг дуулгавартай сайн хүүхэд.
バトは人の言うことをよく聞くいい子供だ。

Тэр чинь хүний үг авдаггүй хүүхэд.
あれは意見を聞かない子供だ。

Тэр чинь нэг ч үг газар гээхгүй хүн байгаа юм. 　　直訳は「言葉を土に落とさない」。
彼はすべてに、ああ言えばこう言う人だ。

Тэд багшийнхаа хэлсэн үгийг үг дуугүй биелүүлдэг. 　　直訳は「言葉も声もなし」。
彼らは先生の言ったことをただ黙々と実行する。

Охин ээжээрээ загнуулаад аавдаа үг зөөж очив. 　　直訳は「言葉を運ぶ」。
娘はお母さんに叱られて、お父さんに言い付けに行った。

Би тэр үл танихгүй бүсгүйтэй хэдэн үг солилоо. 　　直訳は「言葉を交換する」。
私はあの知らない女性と少し言葉を交わした。

ҮГ ХААХ	不平不満を言う、文句を言う、苦情を言う、愚痴をこぼす
ҮГИЙН ШӨВӨГ	厳しい言葉、きつい言葉、トゲのある言葉
ҮГҮЙ БОЛОХ	НАС БОЛОХを見よ
ҮГҮЙ ЮМ ГЭХЭД	できなければ、駄目なら、不可能でも
ҮГЭНД ДУРТАЙ	噂好き、世間話好き、話に好奇心を持つ
ҮЕ МУЛТРАХ	歳が12歳以上離れる、年齢差のある、世代の異なる
ҮЗЭЖ АЛДАХ	競う、論争する、闘う、議論する
ҮЗЭН ЯДАН	大変嫌う、忌嫌う、嫌悪する
ҮЗЭЭД АЛДАХ	やってみる、試してみる、試みる
ҮЙЛИЙН ҮРГҮЙ	本当に、やっぱり、まさに
ҮЙЛС НЬ ЦАЙХ	仕事や物事がうまくいかない、悪化する、実現しない

Дулам гуай ирж золгосонгүй гэж үг хаяж магадгүй, эртхэн очиж золгоё.
ドラムさんは新年の挨拶に来なかったと文句を言うかもしれない、早めに行って挨拶しよう。

直訳は「言葉を投げる」。

Үгийн шөвөг хэрэггүй, хүн гомдоохын нэмэр болно.
トゲのある言葉は不用だ、人の腹立ちを増幅させる。

直訳は「言葉の錐」。

Би маргааш гэхэд мянган төгрөг авна, үгүй юм гэхэд 900 төгрөг авна.
私は明日になれば1000トグリグが手に入る、駄目でも900トグリグは入る。

Тэр авгай их үгэнд дуртай хүн юмаа.
あの女性は噂話が好きだね。

直訳は「言葉が好き」。

Дулмаа үе мултарсан хүнтэй гэрлэсэн гэсэн.
ドルマーさんは歳の離れた方と結婚したそうだ。

Та хоёр хэрэггүй юмнаас болж хоорондоо үзээж алдах хэрэггүй шүү дээ.
あなたたち二人は、よけいないことでお互い論争する必要はないだろう。

Бид дайныг үзэн ядна.
私たちは戦争を大変嫌悪する。

Би энэ хаврын элсэлтийн шалгалтанд ямар ч гэсэн үзээд алдна даа.
私はこの春の入学試験を、いずれにせよ受験してみる。

Энэ хүүхдийн ээж нь үйлийн үргүй томоотой хүн дээ.
この子供の母親は本当に礼儀正しい人だ。

Хүнд муу юм хийсэн хүний үйлс нь цайж таарна.
人に悪事を行った者は物事がうまくいかなくなって当然だ。

ҮЙЛЭЭ ҮЗЭХ	МУУГАА ҮЗЭХを見よ
ҮЛГЭН САЛГАН	辛うじて、元気がない、やっとのことで
ҮЛИЙ САХИСАН САР ШИГ	遠ざからない、離れない、別れない、張り付く
ҮНСЭН ТОВРОГ БОЛОХ	(敵を) 打ちのめす、完全にやっつける、粉砕する
ҮНСЭНД ХАЯГДСАН ШАЛЗ ШИГ / МЭТ /	誰も見向きもしない、皆が相手にしない、誰も無頓着
ҮНСЭЭР ХИЙСГЭХ	滅ぼす、撲滅する、全滅させる、ダメにする
ҮНХЭЛЦЭГ ХАГАРАХ	恐れる、ひどく怖くなる、狼狽する、戸惑う、驚く
ҮНЭ ЦОХИХ	金に物をいわせる、金銭づくでする、財産を鼻に掛ける
ҮНЭГ ГҮЙЦМЭЭР	大変腹がすく、空腹、腹ペコ
ҮНЭГ ШИГ	ずる賢い、ずるい、狡猾な

— 210 —

Лувсан гуай гэртээ шал согтуу үлгэн салган орж ирсэн.
ルブサンさんはすっかり酔って、やっとのことで家に入ってきた。

Миний дэргэд үлий сахисан сар шиг байгаад байлгүй хол явж юм үз.
私の傍に張り付いていないで、遠くへ行って何か経験をしてこい。

直訳は「ネズミの穴を狙うハゲタカのよう」。

Манай арми дайсныг богино хугацаанд үнсэн товрог болгов.
わが軍隊は敵を短期間のうちに完全にやっつけた。

直訳は「灰の山にする」。

Үнсэнд хаягдсан шалз шиг хоцорсон бидэнд тус болдог сайн хүн олон бий.
身捨てられた私たちに手助けしてくれるいい人はたくさんいるよ。

直訳は「灰の中に捨てられた蜘蛛のよう」。

Цасан шуурга хэдэн малыг минь үнсээр хийсгэчихлээ.
吹雪が私の何頭かの家畜を全滅させてしまった。

Би харанхуйд ганцаараа үнхэлцэг хагарах шахлаа.
私は真っ暗闇に一人でいてひどく怖かった。

直訳は「心胞が破裂する」。

Тэр хүний авах гэснийг бэл ихтэйгээрээ үнэ цохиж авч байна даа.
彼は人が買おうとしていたものを、資金にものを言わせて手に入れているよ。

Би бараг хоёр өдөр юу ч идсэнгүй, одоо ч ёстой үнэг гүйцмээр байна.
私はほとんど2日間何も食べていない、もうまったく腹ペコだ。

直訳は「狐が走るほど」。

Үнэг шиг амьтан гэж та хэнийг хэлэв?
ずる賢い奴だとは、あなたは誰のことを言ったのか?

直訳は「狐のよう」。

— 211 —

ҮНЭГНИЙ НҮД ЗАЛГИХ	夜よく眠れない、寝付かれない、（特に早起きについて）おそ寝で早起き
ҮНЭНД ГҮЙЦЭГДЭХ	しっかり理解する、根本を理解する、よく分かる
ҮСТЭЙ ТОЛГОЙ АРЗАЙХ	恐れる、怖気づく、嫌がる、怖がる、ぞっとする
ҮСЭЭ АВАХ	①子供が僧侶になる、僧になる ②女性が尼僧になる
ҮСЭЭ АВАХУУЛАХ	ҮСЭЭ АВАХを見よ
ҮСЭЭ ХАГАЛАХ	妻となる、嫁に行く、（女性が）結婚する
ҮХРИЙН БӨӨР ШИГ / МЭТ /	種々の、雑多な、多様な、ばらばらな
ҮХСЭН БУУРЫН ТОЛГОЙНООС АМЬД АТ АЙХ	臆病、怖くなる、恐れる、怖気づく

Шөнийн нэг цаг болчихоод байхад чи яагаад унтахгүй байна вэ? Үнэгний нүд залгичихаа юу?
夜1時になったのにお前はなぜ寝ないんだ？　おそ寝の早起きになったのか？

直訳は「狐の目を飲み込む」。

Очир эхлээд хэргээ хүлээхгүй мэлзэж байснаа эцэсдээ үнэнд гүйцэгдэж бүгдийг нь хүлээлээ。
オチルは最初、事実を認めずにしらを切っていたが、最後にはしっかり理解してすべてを認めた。

Дахиж мэс засал хийлгэнэ гэхээс үстэй толгой арзайх юм。
再手術を受けることがとても怖い。

①Болд хүү арван гуравтайдаа үсээ авахуулж сүмд суужээ。
ボルド少年は13歳で僧になって寺院で暮らした。

②Ханд авгай нөхрийгөө талийгаач болсны дараахан үсээ авахуулсан юм гэнэ билээ。
ハンドさんは夫が亡くなったのち、尼僧になったそうだ。

直訳は「髪を剃る」。僧は髪を剃って丸坊主に成る習慣からの表現。

Охин дүү минь хоёр жилийн өмнө үсээ хагалж айлын бэр болоод явчихсан。
私の妹は2年前、結婚して嫁に行ってしまった。

直訳は「髪を二方に分ける」。嫁ぐと女性は髪を二方に分けた旧来の習慣からの表現。

Манай сумын байшингууд хэлбэр галбир нь авцалдаагүй, үхрийн бөөр шиг。
私たちの村の建物の形は不統一でばらばらだ。

直訳は「牛の腎臓のような」。牛の腎臓は豆のようにばらばらになっていることからの表現。

Үхсэн буурын толгойноос амьд ат айна гэгчээр Дамба гуайтай уулзахад нэг л эвгүй байлаа。
すっかり怖気づいてしまい、ダンバさんと会うのが嫌だった。

直訳は「死んだ種雄ラクダの頭を生きた去勢ラクダが怖がる」。

ҮХЭН ХАТАН	全力を尽くして、死に物狂いで、一生懸命に
ҮХЭР ТЭРЭГ ШИГ / МЭТ /	ゆっくり、のんびり、緩慢、愚鈍な、のろまな
ҮХЭР ЦАМАА ЦАЙХ	慌てる、大慌てする、困惑する、苦しむ
ҮХЭХДЭЭ ҮХЭР БУУГАА ТАВИХ	邪魔をする、意地悪する、ちょっかいを出す

X

ХААЛГА МӨРГӨХ	留守の家に行く、探す目的の家が見つからない
ХААЛГААР БАГТАХАА БОЛИХ	ごう慢になって人の所に行かなくなる、遊びに来なくなる
ХААНААСАА ХААЛГАЧ НЬ	陰で権力者らの支援を受ける、陰の力を借りる、裏口で成就する
ХАВ ДАРАХ	隠す、明らかにしない、隠蔽する、見えないようにする

Тэр хүн эхэлсэн ажлаа хийж дуусгах гэж үхэн хатан тэмцжээ.
あの人は自分で始めた事業を最後までやろうと死に物狂いで闘った。

Миний хүү хурдан хий, үхэр тэрэг шиг.
おい息子よ、早くしなさい、のろまだね。

Дорж цаг нь тулчихаад ёстой л үхэр цамаа цайж байна.
ドルジは時間が近づいてきて、まったく慌てている。

Аргаа барсан тэр хавь ойрынхноо загнасан нь үхэхдээ үхэр буу тавих гэдэг л энэ байх даа.
途方にくれたあの人は周囲の人々に当たり散らしたが、それは意地悪というものだ。

直訳は「死に際に大砲を打つ」。

Утасдаж байгаад очсон нь дээр, хаалга мөргөж магадгүй.
電話してから遊びに行った方がいい、留守かもしれない。

直訳は「扉にお辞儀する」。

Найзындаа ойрд очсонгүй, хаалгаар багтахаа больж гэж бодож байгаа байх.
最近、友人の家に行っていない、きっと遊びに来ないなと思っているだろう。

直訳は「扉に入れ切れない」。

Хэдэн өдөр даргатай нь уулзаад бүтээгүй ажлыг минь бүтээгээд өглөө, хаанаасаа хаалгач нь гэдэг чинь л энэ дээ.
何日かできなかった仕事が上司と会って実現した、陰の力を借りるというのはこれだな。

直訳は「王より門番が」。

Тэд нар тэр асуудлыг хав дарчихжээ.
彼らはその問題を明らかにしなかった。

— 215 —

ХАВИРГА ХАГАРАХ	いがみ合う、争う、喧嘩する、仲が悪くなる
ХАВИРГААРАА ЭРГЭХ	悪い方に展開する、失敗する、ゆがむ、曲がる
ХАВРЫН ТЭНГЭР ШИГ / МЭТ /	移り気、変わりやすい性格、むら気、気分屋
ХАГАРХАЙ ХЭНГЭРЭГ ШИГ / МЭТ /	おしゃべり、口数が多い、多弁
ХАД МӨРГӨХ	行き詰る、手だてがなくなる、困る、無理になる
ХАДААСАН ДЭЭР СУУСАН ШИГ / МЭТ /	落ち着かない、そわそわする、うわつく、冷静でない
ХАДАН ГЭРТЭЭ ХАРИХ	死ぬ、亡くなる
ХАДНЫ ЦУУРАЙ ШИГ / МЭТ /	軽率な、軽々しい、自分がない

Гомбо бид хоёр ажил албанаас болж хавирга хагарсан ч эвлэрэх зай үлджээ.
ゴンボと私たち二人は仕事のことで喧嘩したが、仲直りする余裕は残っていた。

直訳は「アバラ骨が折れる」。

Энэ асуудал хавиргаараа эргэчих шиг боллоо.
この問題はどうも悪い方に展開したようだ。

直訳は「アバラ骨で回る」。

Дулмаа гэж хаврын тэнгэр шиг ааштай амьтан.
ドルマーって本当に、気分屋だ。

直訳は「春の陽気のような」。春の天気は変化が激しいことから生じた表現。

Олны дунд хагархай хэнгэрэг шиг байж болохгүй шүү.
多くの人の中でべらべらしゃべってはいけないよ。

直訳は「割れた太鼓」。

Энэ асуудлыг шийдээд өгөх байх гэж бодоод тамгын газар очсон боловч хад мөргөлөө.
この問題を解決してもらえると思って役所へ行ったが無理だった。

直訳は「岩にお辞儀する」。

Тэр дандаа л хадаасан дээр суучихсан юм шиг байдаг хүн.
彼はいつも落ち着かない人だ。

直訳は「釘の上に座っているよう」。

Хадан гэртээ харих цаг яагаа ч үгүй шүү.
死ぬなんてまだまだですよ。

直訳は「岩山のゲルに帰る」。人が死ぬと遺体を山肌などに安置する風葬の習慣から生まれた表現。

Хадны цуурай шиг ийм тийм гэж хэлэх хэрэггүй, өөрийн бодолтой байх нь зөв.
軽々しく相槌を打つ必要はない、自分の考えを持つことが大事だ。

直訳は「岩山のこだまのよう」。

ХАЗААР ГҮЙЛГЭХ	馬を盗む、馬泥棒をする
ХАЗАХААС БУСДЫГ ХИЙХ	大変苦労する、あらゆる手段を使う、何でもする
ХАЗГАЙ ГИШГЭХ	間違ったことをする、やってはいけないことをする
ХАЙЛСАН ТУГАЛГА ШИГ / МЭТ /	良い性格、気立てがいい、気質がいい、性格がいい、親切な
ХАЛ ҮЗЭХ	苦労する、苦しみを味わう、労苦を経験する
ХАЛУУН АМИАР	家族だけで、親しい親族で、親しい仲間内で
ХАЛУУН ДЭЭР НЬ	新鮮なうちに、古くならない前に、新しいうちに、できたて
ХАЛУУН ЧИХИЙГ НЬ АТГАХ	無事に会う、元気に会う、健康で会う
ХАЛУУН ШАТАХ	暑い夏になる、夏の暑さが来る、酷暑になる
ХАЛУУН ЭЛЭГ	仲の良い、親しい、仲良し、親友、身内、家族水いらず
ХАМАР СЭТЛЭМ	よい香り、よい匂い、馥郁とした香り

Дээр үед хазаар гүйлгэж амь зуудаг сайн эрс байжээ.
昔は馬を盗んで生活する義賊たちがいた。

直訳は「馬ろくを走らせる」。

Тэр хазахаас бусдыг хийж байж алга дарам газартай болсон.
彼は大変な苦労をして僅かな土地を手に入れた。

直訳は「噛み付く以外全部やる」。

Хэн ч хазгай гишгэж болно шүү дээ, болгоомжтой яв.
誰でも間違ったことをするよ、気を付けなさいよ。

Тэр дэлгүүрийн худалдагч хайлсан тугалга шиг сайхан зантай хүн.
あの店の店員は気立てのいい、素晴らしい性格の人だ。

直訳は「溶かした鉛のよう」。

Дорж гуай ч хал үзсэн хүн дээ.
ドルジさんは苦労を味わった人だよ。

Энэ асуудлыг халуун амиараа ярилцъя.
この問題は家族だけで話し合おう。

直訳は「熱い息で」。

Ээ хэрэг явдлыг халуун дээр нь учрыг нь олъё.
この事は事態が古くならないうちに原因を見つけよう。

直訳は「熱いうちに」。

За ашгүй, чинийхээ халуун чихийг атгаж санаа амарлаа.
ああよかった、君と無事に会えてホッとしたよ。

直訳は「熱い耳を掴む」。

Халуун шатахаас өмнө гэрийнхээ бүрээсийг авах юмсан.
暑い夏になる前に、ゲルの覆いを外しておきたい。

Халуун элгээрээ байхдаа их жаргалтай.
家族と一緒にいるのが幸せだ。

直訳は「熱い肝臓」。

Хамар сэтлэм сэнгэнэсэн сайхан айраг байна.
香りのいい美味しそうな馬乳酒だね。

ХАМРАА МЭДЭХ	注意深くする、気を付ける、用心する
ХАМРААРАА ГАЗАР ХАТГАХ	疲れる、疲れ果てる、ヘトヘトになる
ХАМРААСАА ЦААШХЫГ ХАРДАГГҮЙ	目先のことだけ考える、先を見ない、将来を考えない
ХАМХУУЛ ШИГ	不安定、落ち着きのない、フワフワする
ХАНЦУЙ ДОТРОО ЗАЛБИРАХ	心の中で祈る、切に希望する、胸中拝む
ХАНЦУЙ ШАМЛАХ	熱心に取り組む、懸命に精を出す、頑張る
ХАР АВАХ	疑う、用心する、警戒する、疑念を持つ
ХАР АЖИЛ	力仕事、肉体労働、体を駆使する仕事
ХАР АМЬ	利己主義、エゴイスト、自分の利害だけを考える、自分勝手
ХАР БАГААСАА	幼少のときから、子供のときから、ごく小さな頃から

Гадаа их харанхуй байна. Замд чинь мод чулуу олон бий шүү, хамраа мэдэж яваарай.
外は真っ暗だ。道には木や石がたくさんあるぞ、気を付けて行け。

直訳は「鼻で知る」。

Өдөржин шөнөжин алхсаар хамрааараа газар хатгах шахаж байтал айлын бараа харагдав.
昼となく夜となく歩き続けて疲れ果てていると、家影が見えた。

直訳は「鼻先で土を突きさす」。

Хамраасаа цаашхыг хардаггүй хүнд энэ хэцүү ажил байна.
将来のことを考えない人には、これは大変な仕事だ。

直訳は「鼻先以外を見られない」。

Хэзээ болтол ингэж хамхуул шиг явах вэ, хурдхан шиг гэр оронтой болж үз.
いつまでこんな落ち着きのない生活をしているのか、早く家庭を作りなさい。

直訳は「ナデシコのよう」。

Хайртай хүнээ бушууухан буцаад ирээсэй гэж ханцуй дотроо залбирч байлаа.
恋人が早く帰ってきて欲しいと、心の中で祈っていた。

直訳は「袖の中で拝む」。

Залуус энэ ажлыг хурдан дуусгая гэж ханцуй шамлан ажиллав.
若者たちはこの仕事を早く完成させようと一所懸命に働いた。

直訳は「袖をまくる」。

Нөхөр нь тэр хоёрын уулзаад байгааг хар авсан бололтой.
夫は、あの二人が逢っているのを疑っているようだ。

Сэхээтнүүд хар ажил мэдэхгүй.
インテリゲンチャというのは力仕事を知らない。

直訳は「黒い仕事」。

Чи яасан хар амиа бодсон амьтан бэ.
君は何と自分のことだけ考える奴なんだ。

Ээж аав хоёр маань хар багаасаа мал маллаж ирсэн улс.
私の両親は子供の時から家畜を飼ってきた人だ。

— 221 —

ХАР БОЛОХ	還俗する、僧侶をやめる、一般人になる
ХАР ГЭРТ ОРОХ	刑務所に入る、牢屋に繋がれる
ХАР ДАРАХ	悪夢を見る、嫌な夢を見る、不吉な夢をみる、金縛りにあう
ХАР НҮД ХУУЛАХ	寝て起きる、目覚める
ХАР ТОЛБО	汚名、醜聞、悪い評判
ХАР ТОЛГОЙ ДЭЭР БУУХ	責任を負う、責任を引受ける、責めを覆い被る、義務を負う
ХАР УС	酒、アルコール飲料
ХАР УХААН	常識、庶民の生み出した知恵、一般的知識・知恵
ХАР ҮҮРЭЭР	夜明け前、朝早く、日の出前
ХАР ХУРДААРАА	大変早く、猛スピードで、大慌てで
ХАР ХҮН	夫、亭主、主人、（僧に対して）俗人、普通の人

— 222 —

Өвөг эцэг минь лам байж байгаад хувьсгалын дараа хар болсон юм гэнэ.
私のお爺さんは僧侶だったが、革命後に還俗したそうだ。

直訳は「黒くなる」。

Тэр хүн автономитын үед Богд хааны эсрэг хуйвалдаанд орсон хэргээр хэдэн жил хар гэрт орсон гэнэ билээ.
彼は自治政府時代に反王制の陰謀に関わった事件で何年か刑務所に入ったそうだ。

直訳は「黒い家に入る」。

Гончиг тэр шөнө хар дараад унтаж чадсангүй.
ゴンチグはその夜、嫌な夢を見て眠れなかった。

直訳は「黒いものに抑えられる」。

Би өглөө эрт хар нүдээ хууллад л гадагш гарсан.
私は朝早く目覚めてすぐに外へ出た。

直訳は「黒目を剥がす」。

Нэрээ бодож яв, хар толбо амархан арилахгүй.
名を大事にして暮らしなさい、汚名は簡単に消えないよ。

直訳は「黒い斑点」。

Цэхийн хамаг ажил миний хар толгой дээр буучихлаа.
職場のすべての仕事が私にのしかかった。

Хар ус их уух хэрэггүй.
酒はたくさん飲むな。

直訳は「黒い水」。

Цэнд хар ухаан сайтай хүн.
ツェンドは常識をよく心得た人だ。

直訳は「黒い知恵」。

Хажуу айлын хэдэн тахиа хар үүрээр бархираад унтуулсангүй.
近所の家の鶏たちが夜明け前に鳴き騒いで眠れなかった。

Тэр охин айсандаа хар хурдаараа гүйж ирэв.
彼女は怖くて、猛スピードで駆けてきた。

Манай хар хүн ажилдаа явсан.
うちの亭主は仕事に出かけた。

直訳は「黒い人」。

ХАР ХЭЛ АМ БОЛОХ	悪口の通りになる、呪いが通じる、呪われる
ХАР ХЭЛ ХҮРЭХ	人の悪口で物事がうまくいかなくなる、陰口が悪影響する、悪評が祟る
ХАР ЦАГААН ДУУГҮЙ	沈黙する、黙る、いいとも悪いとも言わない
ХАР ЦАГААНЫГ ЯЛГАХ	善悪を区別する、善し悪しを分ける、是非を分ける
ХАР ШОРГООЛЖ ШИГ / МЭТ /	非常に多い、無数の、数え切れないほど多い、とりとめもない
ХАР ЭЛЭГТЭЙ	身内でない、親類でない、仲良くない、親しくない、親友でない
ХАРВАСАН СУМ ШИГ / МЭТ /	月日の過ぎるのが早い、あっという間に、瞬時に
ХАРИУТАЙ БОЛ БАРИУТАЙ	恩に報いる、恩を忘れない、義理がたい

Сандагийн санасан ажил нэг л бүтэхээ байлаа, хар хэл ам болсон байхаа.
サンダグの考えた仕事は一つも実現しなかった、呪われたんだろう。

直訳は「口と舌が黒くなる」。

Хүний хар хэл хүрчихсэн юм байх даа, ажил бүтэхгүй байна.
陰口を叩かれたんだろう、仕事がうまくいかないよ。

直訳は「黒い舌が届く」。

Өчигдөр тэр хоёр хэрэлдчихсэн юм. Өнөөдөр хэн хэн нь хар цагаан дуугүй байлаа.
昨日、彼らは喧嘩してしまった。今日はお互いに口をきかなかった。

Дамдин гуай хар цагааныг ялгаж өгсөн ачтай хүн.
ダムディンさんは善し悪しを示してくれた恩人だ。

Хар шоргоолж шиг олон хүний дунд хаашаа явахаа мэдэхгүй хэсэг зогсов.
多くの群衆の中で、どこに行くのか分からずちょっと立ち止まった。

Хар элэгтэй хүн гэхэд өөриймсөг хүн шүү энэ Бат.
親類ではないが、身内のような親しみのある人だよ、このバトは。

直訳は「黒い肝臓を持つ」。

Цаг хугацаа харвасан сум шиг өнгөрөх юм.
月日というのは、あっという間に過ぎるものだ。

Норов гуай ч ёстой хариутай бол бариутай хүн шүү.
ノロブさんはまったく義理がたい人だ。

— 225 —

ХАРЬЖ БАЙГАА ЦАГ	①秋、秋になって涼しくなる季節、秋が過ぎる頃、冬の到来 ②老ける、年を取る、高齢になる
ХАТСАН БОРЦ ШИГ / МЭТ /	痩せた、衰弱した、やつれた、疲労困ぱいした
ХАТУУ АМТАЙ	厳しい口調、きつい言葉、言葉にトゲのある
ХАТУУ ҮГ	厳しい言葉、教訓を含む厳しい言葉、きつい言葉
ХАТУУ ХООЛ	難しい仕事、困難なこと、簡単ではない
ХАТУУ ЦАГ	①冬や春の厳しい季節、厳寒や雪害などの多い季節、辛い時期 ②戦争や災害、物資欠乏などの困難な時期、苦しい時代
ХАТУУ ЧИХТЭЙ	①耳が遠い、耳が悪い、聞こえが悪い ②頑固な、人の意見を聞かない、強情な

①Навчис сэрчигнээд л хаяагаар салхи сэнгэнээд харьж байгаа цаг гэдэг ийм л байдаг даа.
木の葉が落ち、ゲルの裾から涼風が吹く秋というのはこんなものだ。

直訳は「帰って行く時」。

②Харьж байгаа цаг хойно нүд муудах нь аргагүй биз ээ.
年を取っているんだから目が悪くなるのは当然だ。

Энэ хэдэн ямаа яагаад таргалахгүй байгаа юм болоо, ёстой хатсан борц шиг.
この何頭かのヤギはどうして太らないのかな、まったく痩せている。

直訳は「乾いた細切り乾肉」。干からびたように乾燥した肉の状態からの表現。

Танай ах хатуу амтай боловч зөөлөн сэтгэлтэй хүн шүү.
あなたの兄さんは口は厳しいが心は優しい人だね。

Хатуу үгийг сонсоход хэцүү боловч ажил амьдралд ашигтай.
厳しい言葉を聞くのは辛いが仕事や暮らしに有益だ。

直訳は「固い言葉」。

Энэ удаагийн ажил тийм амар биш, хатуу хоол.
今回の仕事はそんなに簡単ではない、難しい仕事だ。

直訳は「固い食事」。

①Хаврын хатуу цагаар хонь төллөөд их сандарч байна.
春の厳しい季節に羊が出産して大慌てしている。

直訳は「固い時」。

②Бидний үеийнхэн чинь тэр хатуу цагийг үзээгүй юм шүү дээ.
私たちの世代は、あの困難な時期を味わっていないよ。

①Өвөө хатуу чихтэй болохоор чанга ярихгүй бол сонсохгүй.
おじいちゃんは耳が遠いから大きな声で話さないと聞こえない。

直訳は「固い耳を持つ」。

②Дэмид гуай хатуу чихтэй хүн, яаж ч гуйгаад нэмэргүй байхаа.
デミドさんは頑固な人だ、いくらお願いしてもだめだろう。

ХАШИР ХАНДГАЙ	熟練の、習熟した、経験豊かな、老練な
ХАШИР ЧОНО	ХӨГШИН ЧОНО を見よ
ХАЯА ДЭРЛЭХ	近所、隣り合って暮らす
ХАЯА МУУТАЙ АЙЛ	不運に見舞われやすい家、隣近所に恵まれない家、隣人として付き合いが悪い家
ХАЯА ТҮШИХ	恩恵を当てにする、期待する、頼る、くっ付いていく
ХАЯАГАА МАНАХ	НҮХЭЭ МАЛТАХ を見よ
ХАЯАГАА ХАДРАХ	仲間内に悪事を行う、友人に悪さをする、友人を裏切る
ХАЯАНД ИРЭХ	そばに寄る、間近に来る、身近に迫る
ХИЙ ХУЙ ШИГ / МЭТ /	САЛХИ ШИГ を見よ
ХИЙМОРИЙГ НЬ ЯМАА ХИВЭХ	元気がなくなる、すっかり落ち込む、気力を失う
ХИЙМОРЬ ХАЯХ	АЗ ХАЯХ を見よ
ХИНШҮҮ ХАНХЛУУЛАХ	喧嘩を売る、喧嘩をしかける、チョッカイを出す

Хашир хандгай гэм алдаж буруу үг хэлэхгүй.
経験豊かな人は不注意に間違ったことを言わない。

直訳は「世辞にたけた大鹿」。

Банди гуайнх манай хоёр олон жил хаяа дэрлэн эв найртай аж төрсөн.
バンディさんの家と私のところは長い間、近所同士で仲良く暮らした。

直訳は「ゲルの裾を枕にする」。

Тэднийх тийм хаяа муутай айл биш.
彼らの家は隣人として悪くないよ。

直訳は「ゲルの裾が悪い家」。

Батынх сайн айлын хаяа түшиж, сайхан амьдарч явна.
バトのところは豊かな家の恩恵を当てにして、幸せな暮らしをしている。

直訳は「ゲルの裾に頼る」。

Төмөр гуай тийм юман дээр хаяагаа хадрах хүн бишээ.
トムルさんはそんなことで仲間に悪さをする人ではないよ。

Улсын шалгалт хаяанд ирлээ.
国家試験が間近に迫った。

直訳は「ゲルの裾の近くに来る」。

Хийморийг нь ямаа хивчихсэн юм шиг хийсэн юм нь гараас гарахгүй хүн юмаа.
すっかり気落ちしたようだ、やっていることがうまくいかない人だね。

Хүнд дэмий юм хэлж хиншүү ханхлуулах хэрэггүй.
人に対してくだらないことを言って喧嘩を売るものではない。

直訳は「焦げた匂いをつける」。

ХИР ХАЛДААХГҮЙ	弁護する、庇護する、守る、かばう
ХИШИГ ХҮРТЭХ	施しを受ける、恩恵を受ける
ХОВЫН ТУЛАМ	悪口を言いふらす人、悪口雑言を言う、中傷する
ХОЁР ГАР ГАРГАХ	（主に工芸品などで）相手によって仕事の質を変える、差別する
ХОЁР ИДЭЖ ХООСОН ХОНОХГҮЙ	（贅沢はできないが）何とか暮らす、辛うじて生活する
ХОЁР НҮҮР ГАРГАХ	相手によって態度を変える、二面性を出す、裏表がある
ХОЁР НҮҮРТЭЙ	裏表の性格を持つ、二面性を持つ、裏表がある
ХОЁР ҮЗҮҮРТЭЙ ЗҮҮ	悪口、中傷などして人間関係を裂く人、仲間割れさせる
ХОЁР ЧИХНЭЭС ХОЙШ ОРОХ ЮМ	食べ物、食物、食べるもの
ХОЁР ЧИХНЭЭС ХОЙШ ОРОХГҮЙ	ХООЛОЙГООР ДАВАХГҮЙを見よ

Би тийм юм хийгээгүй гээд Пунцаг өөртөө өчүүхэн ч хир халдаасангүй.
私はそんなことをしていないと言って、ポンツァグはちっとも反省せず自己弁護した。

直訳は「泥を寄せ付けない」。

Ном сурч, номын хишиг хүртэж яваа залуучууд сайхан байна.
勉強をして、その恩恵を受けている若者は素晴らしい。

Хов ярьж ховын тулам болох муухай.
噂話をして他人を中傷することはよくない。

直訳は「流言の大袋」。

Тэр дархан хүнд алт мөнгөөр юм хийж өгөхдөө хоёр гар гаргадаг хүн.
あの職人は他人に対して金銀細工をするのに、相手によって仕事の質を変える人だ。

直訳は「両手を出す」。

Ажил хийж хэдэн төгрөг олдог болохоор хоёр идэж хоосон хоногхүй болоод л байна.
仕事をして多少なりとも収入があるので、贅沢はできないが何とか暮らしている。

Өчигдөрхөн уулзахад зүв зүгээр байсан хүн, өнөөдөр огт өөр хүн болчихсон байх чинь хоёр нүүр гаргаад яасан юм бол?
つい昨日会った時は何もなかったが、きょうは別人になっているというこの二面性はどうしたものかな？

直訳は「二つの顔を出す」。

Хоёр нүүртэй хүнд дуртай хүн байхгүй бизээ.
裏表のある人のことが好きな人っていないだろう。

直訳は「二つの顔を持っている」。

Тэр ёстой хоёр үзүүртэй зүү юмаа.
あの人は、まったく中傷して人の仲を裂く人だ。

直訳は「二つの先端を持つ針」。

Би өглөөнөөс хойш юу ч идээгүй, хоёр чихнээс хойш орох юм байна уу?
私は朝から何も食べていない、何か食べ物ありますか？

ХОЁР ЯС АМРАХ	体を休める、休憩する、休息する
ХОЁР ЯС ХАГАЦАХ	出産する、子供を産む、困難な状態を脱して安心する
ХОЁРООРОО ЯВАХ	二本脚で行く、歩いていく
ХОЁРЫН ХООРОНД	中途半端、どちらか判断できない、良くも悪くもない、不完全な
ХОЙШ СУУХ	怠ける、仕事を避ける、精を出さない
ХОЛТЛОХГҮЙ ААРУУЛ	困難な、容易でない、苦労する、難しい仕事
ХОМООЛ ХАМАХ	競馬で最後尾になる、競馬で取り残される、ビリになる
ХОНГО ЗАГАТНАХ	ぶたれるような悪戯をする、殴られることをする、叱られたがる
ХОНГОНЫХ НЬ МАХ ЗАГАТНАХ	ХОНГО ЗАГАТНАХを見よ

За, хоёулаа өнөөдрийнхээ ажлыг үүгээр дуусгаж хоёр яс амрая.
それでは二人とも今日の仕事はこれで終えて体を休めよう。

直訳は「二つの骨が楽になる」。

Эхнэр маань хоёр яс мэнд хагацааж санаа амарлаа.
家内が無事、子供を出産してホッとした。

直訳は「二つの骨が離れる」。

Унаа тэрэгний хэрэггүй, би хоёроороо яваад очно.
車はいらないよ、私は歩いて行くよ。

Шүлэг ч биш, магтаал ч биш, хоёрын хооронд юм болжээ.
詩でもない賛歌でもない、中途半端なものになった。

直訳は「二つの間」。

Ажлаас хойш суулгүй, хийх ёстой бүхнийг хийх гэж чармайж байсны ачаар хүн шиг амьдарч явна.
怠けず、やるべきことすべてをやろうと努力してきたお陰で人並みの暮らしをしている。

直訳は「後ろに座る」。

Ном орчуулна гэдэг ч над мэт амьтанд холтлохгүй ааруул.
本を翻訳するというのは、私のような者には容易ではない。

直訳は「歯の立たない固いアーロール(乾燥した凝乳=チーズの一種)」。乾燥したモンゴルの風土では凝乳は石のように固くなる。

Энэ хэдэн мориноос хомоол хамах нь энэ л байж магадгүй.
これらの何頭かの馬のうち、最後尾になるのはこの馬かもしれないな。

直訳は「馬糞をかき集める」。

Чи яагаад номоо урчихсан бэ？ Хонго чинь загатнаад байна уу？
どうして本を破ってしまった？ 殴られたいのか？

直訳は「太股が痒くなる」。

— 233 —

ХОНОГ ТӨӨРҮҮЛЭХ	泊まる、宿泊する、投宿する
ХОНОГИЙН ТОО ГҮЙЦЭХ	死ぬ、亡くなる、寿命を終える
ХОНОГОО ХҮЛЭЭХ	危篤になる、死が迫っている、死に際にある、間もなく死にそう
ХОНЬ ЧОНО ХОЁР ШИГ / МЭТ /	犬猿の仲、嫌悪し合う、いがみ合う、忌嫌う仲
ХОНЬ ШИГ АМЬТАН	温和な人、おとなしい、従順、穏やかな人
ХООЛ БУУДАХ	偶然、食事時間に訪問してご馳走になる、食事に預かる
ХООЛНЫ САВ	仕事もしない大飯食い、大食い、馬鹿の大食い
ХООЛОЙ ДЭЭР ХУТГА ТАВИХ	困難な仕事にぶつかる、剣ガ峰、後がない状態になる
ХООЛОЙ ЗАНГИРАХ	むせび泣く、胸が詰まって言葉が出ない、涙にむせぶ
ХООЛОЙГООР ДАВАХГҮЙ	美味しくない、ノドを通らないほどまずい、まずい

Хоног төөрүүлэх газар олсондоо бөөн баяр.
宿泊できる場所が見つかってとてもうれしいよ。

Хоногийн тоо гүйцээгүй бололтой, амь мэнд гарлаа.
まだまだ寿命は終えていないようで、生き残ったよ。

直訳は「泊数が尽きる」。

Балдан гуайн бие их муу, хоногоо хүлээж байгаа юм байхаа.
バルダンさんの具合は大変悪い、死期が迫っているようだ。

直訳は「日にちを待つ」。人が生きる日数は定まっており、その日数の尽きる日を待つの意。

Тэр хоёр юунаас болж тийм хонь чоно хоёр шиг болчихсон юм бол?
あの二人はどうしてそんなふうにいがみ合うようになってしまったのかな?

直訳は「羊と狼の2匹のよう」。

Дорж гуай хонь шиг амьтан.
ドルジさんは温和な人だ。

直訳は「羊のような生き物」。

Чимидийнд санамсаргүй орсон чинь хоолыг нь буудчихлаа.
チミドのところへ行って、思いもかけずにご馳走になってしまった。

直訳は「食事を撃つ」。

Манай энэ хүү гэж нэг ажилгүй хоолны сав байна.
うちのこの子はちっとも仕事をしない大飯食いだ。

Шинэ дарга ирчихээд хоолой дээр хутга тавьж байна.
新しい上司が来て仕事が困難な状態になった。

Найзынхаа яриаг сонсоод хоолой зангирлаа.
友人の話を聞いて、胸が詰まって言葉が出なかった。

Энэ ногоотой шөл давсгүй юмуу даа, хоолойгоор давахгүй нь ээ.
この野菜スープには塩は入っていないのか、まずくて食べられないよ。

ХООСОН АМ	口先ばかり、無駄口、駄弁、内容のない話
ХООСОН ҮГ	ХООСОН АМを見よ
ХОР ИДСЭН ШААЗГАЙ ШИГ / МЭТ /	すぐに酔っぱらう、簡単に酒に酔う、酒に弱い
ХОРГОЛОО ТООЛОХ	ケチケチする、物惜しみする、ケチくさい
ХОРМОЙГОО ЧИРЭХ	（特に女性について）だらしない、物事をきちんとできない、懸命にしてはいるがうまくいかない
ХОРМОЙД САЛХИ ОРОХ	家に落ち着かない、ブラブラする、フラフラする
ХОРМОЙНООС ЧАНГААХ	足を引っ張る、遅らせる、邪魔する
ХОРХОЙ АСАХ	欲が出る、物を欲しがる、欲望が高まる
ХОРХОЙ ТУСАХ	好きで夢中になる、熱中する、好きなことの虜になる
ХОРХОЙ ХӨДЛӨХ	欲が出る、欲しがる、欲心が起こる
ХОРХОЙ ХҮРЭХ	欲望が生まれる、欲しくなる、望む、好きになる

Хүмүүс түүний хоосон амтайг андахгүй мэднэ. 人びとは、彼が口先ばかりだということをよく知っている。	直訳は「空っぽの口」。
Дамба жаахан юм уугаад л хор идсэн шаазгай шиг болов. ダンバは少し飲んだだけで簡単に酔っぱらってしまった。	直訳は「毒を食べたカササギのよう」。
Балдан гуай тийм хорголоо тоолсон хүн биш, байвал өгнө. バルダンさんはそんなにケチな人ではない、あれば分けてくれるよ。	直訳は「羊の糞を数える」。
Хэдэн хүүхдээ өсгөх гэж хормойгоо чирээд л зүтгэж байна даа. 何人もの子供を育てようと、きちんとはできないけれど懸命に頑張ってはいるよ。	
Хормойд чинь салхи орсон юм шиг хаагуур яваад байна даа хүү минь. 家に落ち着かないでどこへ行っているのか、息子よ。	直訳は「着物の裾に風が入る」。
Бусдынхаа хормойноос чангааж гай болохгүйг хичээж байна. みんなの足を引っ張って邪魔にならないように頑張っている。	直訳は「着物の裾を引っ張る」。
Ёстой хорхой асмаар гоё эд байна. まったく欲が出てしまうようなきれいな品物だ。	直訳は「虫に火が付く」。
Ном үзэхийн хорхой туссан хүн. 本を読むことに夢中になっている人だ。	直訳は「虫に陽が当たる」。
Өнгө өнгөөр өрөөд тавьчихсан бялууг хараад хорхой хөдөлчихлөө. 部屋に陳列したさまざまなケーキを見て欲が出てしまった。	直訳は「虫が動く」。
Тэр сайхан бяслагийг хараад хорхой хүрчихлээ. 彼はおいしそうなチーズをみて欲しくなってしまった。	直訳は「虫に触る」。

ХОРХОЙД ХОРГҮЙ	他に対して無害、害がない、人畜無害
ХОРЫГ НЬ МААЖИХ	喧嘩を売る、他人を言葉で蔑む
ХОРЫГ НЬ ХУСАХ	ХОРЫГ НЬ МААЖИХ を見よ
ХОСЫГ НЬ АВАХ	厳しく叱る、激しく非難する、厳しく叱責する
ХОШУУ ДҮРЭХ	口を差し挟む、干渉する、立ち入る、口出しする
ХОШУУ НЭМЭХЭЭР ХУРУУ НЭМЭХ	口先でなく実際の行動、実質的動きをする
ХОШУУ ХОЛБОХ	二人で口を合わせる、口裏を合わせる、言うことを一致させる
ХОШУУ ХУДАЛДАХ	噂を振りまく、流言を流す、中傷する
ХОШУУГАА БИЛҮҮДЭХ	喧嘩腰になる、喧嘩をする、争う
ХӨВӨНД БООСОН ЧУЛУУ	遠回しの非難、皮肉、風刺
ХӨГӨӨ ЧИРЭХ	自らの悪いことを明らかにする、開陳する、自ら暴露する
ХӨГШИН ХӨВӨӨГҮЙ	老若区別なく、年寄り若者の区別なく、年寄りも若者も皆

Хорхойд хоргүй хүн гэвэл Дорж ахыг л хэлнэ байх. 他人に対して無害というのは、ドルジ兄さんのことをいうのだろう。	直訳は「虫に害がない」。
Хүний хорыг маажих хэрэггүй. 相手に喧嘩を売る必要はないよ。	直訳は「毒を搔く」。
Буруу юм хийсэн түүнийг өвөө хосыг нь авав. 悪いことをした彼をお爺さんはひどく叱った。	直訳は「直腸を引きぬく」。
Хүний хэрэгт хошуугаа дүрэх хэрэггүй. 他人の事に口を差し挟む必要はない。	直訳は「口先を突っ込む」。
Чи энэ ажилд хошуу нэмэхээр хуруу нэмсэн нь дээр шүү. お前はこの仕事に口先でなく実質的な働きをしたほうがいい。	
Хоёр охин хошуу холбон инээлдсээр сургууль руугаа алхжээ. 二人の娘は口を合わせて笑いながら学校の方に歩いて行った。	直訳は「口を結ぶ」。
Баатар гуай хошуугаа худалдаж амь зуух хүн биш. バータルさんは噂を振りまいて暮らす人ではない。	直訳は「口先を売る」。
Тэр үргэлж л хошуугаа билүүдэж байдаг амьтан. あの人はいつも喧嘩腰になる奴だ。	
Хөвөнд боосон чулуугаар цохиж байх шив дээ. 遠回しの皮肉で攻撃しているようだね。	直訳は「綿に包んだ石」。
Ийм муухай юм хийж хөгөө чирэх гэж байх уу？ こんなくだらない事をやって自ら暴露するというのか？	
Хөгшин хөвөөгүй бөхийн барилдааныг үзэцгээж байлаа. 老若区別なく相撲を見物していた。	

ХӨГШИН ЧОНО	老練な、経験豊かな、用心深い
ХӨЛ АЛДАХ	①足取りが乱れる、足がもつれる、フラフラする ②大喜びする、心が躍る、歓喜する、嬉しくて小躍りする
ХӨЛ БАГАТАЙ	人が少ない、閑散としている、人通りがない
ХӨЛ БОЛОХ	①混雑する、混乱する、賑やかになる ②大喜びする、歓喜する、喜んで迎える
ХӨЛ ГАЗАР ХҮРЭХГҮЙ	大喜びをする、すごく喜ぶ、歓喜する
ХӨЛ ДАРАХ	大勢の人でにぎやかになる、邪魔する
ХӨЛ ДӨРӨӨНД ХҮРЭХ	大人になる、成長する、一人前になる
ХӨЛ ДҮҮЖЛЭХ ЮМ	乗用の馬やラクダ、乗り物、交通手段

Тэр ч хөгшин чоно доо. | 直訳は「老いた狼」。狼が歳を経るに従って用心深く、ずる賢くなる様からの表現。
彼は用心深い人だ。

①Би анх цэрэгт орчихоод жагсах бүрдээ л хөлөө алдаад бэрхшээсэн. | 直訳は「足を失う」。
私は最初に軍隊に入って行進のたびに足がもつれて困ってしまった。
②Хол газраас хүндтэй зочин ирлээ гээд бүгд хөл алдаж байна.
遠くから尊敬すべきお客さんが来たと、みんなが大喜びしている。

Захаар хөл багатай байна. | 直訳は「足が少ない」。
市場は閑散としている。

①Зах гэдэг чинь хөл болсон газар байна. | 直訳は「足だらけになる」。
市場というのは混雑するところだ。
②Тэднийг очиход Цэрэн гуайнх их хөл болж байсан.
彼らが行くと、ツェレンさんのところは大喜びした。

Тэр шалгалтанд тэнцсэндээ хөл газар хүрэхгүй байна. | 直訳は「足が土につかない」。
彼は試験に合格したので大喜びしている。

Айлд очиж хөл дарах хэрэггүй байхаа. | 直訳は「足を抑える」。
人の家に行って邪魔をする必要はないだろう。

Хүүгийн чинь хөл дөрөөндөө хүрлээ дээ. | 直訳は「足がアブミに届く」。
あなたの息子さんは一人前になったね。

Миний морь бүр явахаа байлаа, танд хөл дүүжлэх юм байна уу？
私の馬はまったく動かなくなってしまった、あなたのところに何か乗り物はあるかな？

ХӨЛ ДЭЭР БОСОХ	一人前になる、自立する、独立する、独り立ちする
ХӨЛ ДЭЭР ЗОГСОХ	自立する、一人前になる、独立する、独り立ちする
ХӨЛ ДЭЭРЭЭ ТОГТОХ	①(病気が)全快する、回復する、病気が治る ②一人立ちする、独立する、強固になる、しっかりする
ХӨЛ ЖИЙХ	休む、くつろぐ、休憩する
ХӨЛ ЗАЛГАХ	交通手段を得る、乗り物を得る、乗用馬を得る
ХӨЛ МАЛГАЙГҮЙ ХҮНДЛЭХ	すごく大事にする、尊重する、尊敬する
ХӨЛ ТАСРАХ	往来が途絶える、往来が少なくなる、混雑がなくなる
ХӨЛ ХОРИХ	出入りを禁止する、足止めする、禁足令を出す
ХӨЛ ХӨНГӨНТЭЙ	①元気な、体力のある、軽快な ②馬の脚が早い、歩き方が良い
ХӨЛ ХӨНГӨРӨХ	大変元気になる、軽快になる、大喜びする、歓喜する

Манай үйлдвэр ч хөл дээр бослоо доо.
うちの工場も独立したよ。

Үйлдвэр маань одоо л хөл дээрээ зогсох боллоо.　　直訳は「足の上に
私たちの工場は、もう独立することになった。　　　　　立つ」。

①Шарав гуайн бие гайгүй болж хөл дээрээ　　　　直訳は「足の上に
тогтох нь бололтой.　　　　　　　　　　　　　　　定まる」。
シャラブさんの体調は回復して落ち着いてきているようだ。
②Манай компани одоо л нэг хөл дээрээ тогтож
байна.
私たちの会社はようやく軌道に乗った。

Хөл жийх зайгүй өрөө байлаа.　　　　　　　　　　直訳は「足を伸ば
くつろげないくらい狭い部屋だった。　　　　　　　　す」。

Хөл залгах юмгүй явгарчихаад сууж байтал хүү　　直訳は「足をつな
минь хэдэн адуугаа олж ирлээ.　　　　　　　　　　ぐ」。
移動の足がなくて難儀していると、息子が何頭かの馬を見
つけてきた。

Ачтан эмчийгээ ирсэнд баярлан хөл малгайгүй
хүндлэж байв.
助けてくれた医者が来たので大喜びし、丁重に迎えた。

Орой болж амьтны хөл тасарчээ.　　　　　　　　　直訳は「足が消え
夜になって人々の往来が途絶えた。　　　　　　　　　る」。

Нийслэлд босполго үймээн гарсан тул хөл хорьжээ.　直訳は「足を禁ず
首都で蜂起の騒乱が発生したので出入りを禁止した。　　る」。

①Хүүхдээсээ түрүүлж босч гүйх гээд л манай　　直訳は「足が軽い」。
ээж хөл хөнгөнтэй хүн шүү.
子供より先に起きて働いている私の母はとても元気な人だよ。
②Хөл хөнгөнтэй сайхан морь шүү энэ.
足の速い馬だよ、これは。

Эргэн уулзсандаа баяр хөөр болон хүн бүхний　　直訳は「足が軽く
хөл хөнгөрч сэтгэл сэргэнэ.　　　　　　　　　　　なる」。
再会できたことが嬉しくて、みんな身も心も元気づいている。

ХӨЛ ХУЧИХ	世話をする、面倒をみる、看護する、気遣う
ХӨЛ ХҮНД	妊娠する、身重になる、懐妊する
ХӨЛ ШОРООДОХ	よちよち歩く、子供が歩き始める
ХӨЛД ДАРАГДАХ	多くの人が集まる、世話が忙しくなる、混雑する
ХӨЛД НЬ СУУХ	機嫌を取って望みに沿うように努める、望み通りにする
ХӨЛД ОРОХ	赤ちゃんがよちよち歩き始める
ХӨЛИЙН УЛ ЗАГАТНАХ	移動したくなる、引越ししたくなる、移動したくてそわそわする
ХӨЛӨӨ ОЛОХ	歩む道を見つける、生き方を見つける
ХӨЛӨӨ ХУГАЛАХ ШАХАХ	へつらう、こびる、慇懃に振る舞う、お世辞を言う
ХӨЛӨӨ ХУГАЛЧИХ ГЭХ	おべっかを使う、媚びる、追従する、屈服する

Хөл хучих хүүтэй хүн гэж өвөө эмээ хоёр баярладаг юм.
世話をしてくれる子供がいると、祖父母は喜んでいる。

直訳は「足を覆う」。

Тэр хүүхэн хөл хүнд хүн байна, суудал тавьж өгсөн нь дээр.
あの女性は妊娠している、席を譲って上げたほうがいい。

直訳は「足が重い」。

Хүүхэд хөл шороодохоороо арай амар болно.
子供が歩き始めると、ちょっと楽になるね。

直訳は「足が土につく」。

Аавынх намар болохоор хөдөөнөөс ирэх оюутны хөлд дарагддаг юм.
父の実家は秋になると、田舎から学生たちがたくさんやって来る。

直訳は「足に圧される」。

Одоо олон юм хэлэлгүй хөлд нь эвтэйхэн сууя гэж бодлоо.
今は何も言わずに、おとなしく相手の望み通りにしょうと思った。

直訳は「足元に座る」。

Манай хүү одоо хөлд орж байгаа.
うちの子は今、よちよち歩きが始まっているよ。

直訳は「足に入る」。

Хот ормоор санагдаад, хөлийн ул загатнаад сууж байна.
都会へ行きたくて、そわそわしている。

直訳は「足の裏が痒くなる」。

Залуу хүн амьдралд хөлөө олох чухал.
若い人は人生の正しい道を見つけることが大事だ。

Дэлэг Дорлигт хөлөө хугалах шахдаг юм.
デレグはドルリグにいつもへつらっている。

Цэрмаа гуай даргыг очиход хөлөө хугалчих гээд л байсан.
ツェルマーさんは上司が行くと、おべっかを使っていた。

ХӨЛӨӨ ХУЧУУЛАХ	世話をしてもらう、面倒をみてもらう、助けを受ける
ХӨЛӨӨРӨӨ ТОЛГОЙ ХИЙХ	好き勝手に振る舞う、気まま、やり放題
ХӨНДЛӨНГӨӨС ЖИЙХ	干渉する、横から割り込む、口出しする
ХӨӨТЭЙ ТӨЛӨГ ШИГ / МЭТ /	不潔な、汚い、汚れた、見た目の悪い
ХӨРӨНГӨ ЦАЙРАХ	貧乏になる、財産を使い果たす、倒産する、浪費する
ХӨХ ИНЭЭД ХҮРЭХ	冷笑する、嘲笑する、あざ笑う、冷笑したくなる、さげすみ笑う
ХӨХ ХАВДАХ	大変当てにする、期待する、欲する
ХӨХҮҮРИЙН АМ ЦААШЛАХ	ХҮЙТНИЙ АМ НААШЛАЖ, ХӨХҮҮРИЙН АМ ЦААШЛАХ を見よ
ХУВИНГААР ЦУТГАХ ШИГ / МЭТ /	どしゃぶりの雨が降る、大雨が降る、水で一杯になる

Хөгшин бид хоёр охиноороо хөлөө хучуулаад жаргаж байнаа.
私たち年寄り二人は、娘に面倒をみてもらって幸せに暮らしている。

Эцэг эхийнхээ үгэнд орж бай, хөлөөрөө толгой хийж болохгүй.
両親の言うことを聞きなさい、好き勝手なことをしてはいけない。

直訳は「足を頭にする」。

Энэ асуудалд би хөндлөнгөөс жийх хэрэггүй биз дээ.
この問題に関して、私が口出しする必要はないだろう。

Гэрийн гадаа хөөтэй төлөг шиг шавар шороо болсон ганц машин харагдна.
家の外に泥まみれに汚れた1台の車が見えた。

Ороо бусгаа энэ цагт олон хүн хөрөнгө цайрч байх шиг байна.
混乱している今の時代には、多くの人が財産を失くしているようだ。

Их зан гаргаж байгааг нь харахлаар хөх инээд хүрэх юм.
偉ぶっているのを見ると冷笑したくなるよ。

直訳は「青い笑いに至る」。

Би чамайг сайхан чихэр жимстэй ирсэн гэж бодоод хөх хавдчихлаа.
私はお前が美味しい菓子と果物を持って来たと思って、とても期待しちゃったよ。

Гадаа бороо хувингаар цутгах шиг орж байна.
外はどしゃぶりの雨が降っている。

ХУДГИЙН МЭЛХИЙ	井の中の蛙、他の世界を知らない、独りよがり
ХУЖИРТАЙ ҮГ	うそ、虚言、怪しい言葉
ХУЛГАЙ НҮДЭЭР	密かに覗く、慎重に覗く、盗み見、そっと窺う
ХУЛГАР ШАР	タルバガン（マーモットの一種）
ХУЛХИ НЬ БУУХ	気弱になる、怖じ気ずく、臆病になる、尻込みする
ХУМСАА НУУХ	欠陥を隠す、悪事を隠す、隠蔽する、包み隠す
ХУМСЫН ЧИНЭЭ	きわめて小さい、ほんの少し
ХУР БАЯН	代々の金持ち、豊かな家系、裕福な家筋
ХУРУУ ДАРАМ ЦӨӨХӨН	数少ない、ほんの僅かの、ごく少数の
ХУРУУ ДҮРЭХ	横領する、くすねる、横取りする
ХУРУУ НЭМЭХ	協力する、手伝う、手助けする
ХУРУУ ХУМСАА ТАЙРАХ	節約する、倹約する、つつましくする、質素にする
ХУРУУГАА АВАХ	ГАРАА АВАХを見よ

Ном сурахгүй бол худгийн мэлхий шиг болно. 勉強しなければ世の中を知らない人間になるよ。	直訳は「井戸の中の蛙」。
Тэр ч дээ хужиртай л үг байна даа. それはちょっと怪しい言葉だね。	直訳は「ソーダの混じった言葉」。
Яасан сайхан морь вэ хэмээн хулгай нүдээр морийг харж байв. 何と良い馬なんだろうと、その馬をそっと盗み見していた。	直訳は「盗み目で」。
Чи хулгар шарын мах идэж чадас уу? お前はタルバガンの肉を食べる事ができるか?	
Тэд нар чулуу ачна гэхээс л хулхи нь буудаг болжээ. 彼らは石運びの仕事を尻込みするようになった。	
Тэр хэдэн жилийн турш хумсаа нууж байжээ. あの人は何年かの間、悪だくみを隠していた。	直訳は「爪を隠す」。
Миний муу хүү чинь хумсын чинээхэн амьтан. 私のかわいい息子は、ほんのちっちゃな子だ。	
Содном ч уулаасаа хур баян хүн дээ. ソドノムというのは昔から金持ちの人だ。	
Хуруу дарам цөөхөн хүнтэй жижиг тосгоны амьдралд дасч эхлэв. 人口のとても少ない小さい村の生活に慣れてきた。	直訳は「指を折るほど少ない」。
Тэтгэврийн мөнгөнд хуруу дүрсэн хэрэг гарчээ. 年金を横領した事件が起こった。	直訳は「指を突っ込む」。
Нөхдийнхөө ажилд хуруу нэмэх санаатай ирлээ. 友人たちの仕事を手伝うつもりできた。	直訳は「指を加える」。
Хуруу хумсаа тайрч байж авсан гар утсаа алга болгочих вий. 倹約して買った携帯電話を失くしてしまったよ。	直訳は「指先と爪を切る」。

ХУРУУН ЧИНЭЭ	小さい、幼い、些細な、僅かな
ХУТГАНЫ ИРЭН ДЭЭР	瀬戸際、危なっかしい状態に、厳しい状態、きわどい状態に
ХУУЧИН БУУНЫ ХУГАРХАЙ	熟練の、習熟した、経験豊かな、老練な
ХҮЗҮҮ СУНГАХ	興味を持つ、注意を払う、聞き耳を立てる
ХҮЗҮҮГЭЭР ТАТСАН АЖИЛ	沢山の仕事、大変忙しい仕事、目一杯の仕事
ХҮЙС ТЭМТРЭХ	皆殺しにする、虐殺する
ХҮЙТНИЙ АМ НААШЛАЖ, ХӨХҮҮРИЙН АМ ЦААШЛАХ	冬の到来、寒い季節が来て、暖かい季節が去る
ХҮЙТЭН УС ЦАЦАХ	裏切る、傷つける、邪魔する、困らせる
ХҮЙТЭН ХӨЛС АСГАХ	恐れる、怖がる、困る、(恐ろしさに) ぞっとする

Хуруун чинээ амьтныг ганцааранг нь орхиж болохгүй.
幼い子供を一人にしてはいけない。

Данзан гуай зад шүүмжлүүлээд ёстой л хутганы ирэн дээр байна.　　直訳は「刃物の刃の上に」。
ダンザンさんは、さんざん批判されて瀬戸際にいる。

Донров ах хуучин бууны хугархай гэсэндээ залуучуудаас түрүүлээд ажлаа амжуулчихлаа.　　直訳は「古い鉄砲のかけら」。
ドンロブ兄さんは経験豊かだったので、若者たちより早く仕事を成功させた。

Хот газрын сонинг сонсох гэж хот айлынхан хүзүү сунган хүлээжээ.　　直訳は「首を長くする」。
隣り近所の人々は、都会の情報を聞きたくて興味深く待っていた。

Бид одоо хүзүүгээр татсан их ажилтай байна.　　直訳は「首まで来ている仕事」。
私たちは今、山のような沢山の仕事を抱えている。

Америкт Индиануудыг хүйс тэмтэрсэн аймшигт түүх бий.
アメリカにはインディアンたちを虐殺した恐ろしい歴史がある。

Хүйтний ам наашлаж, хөхүүрийн ам цаашлаж байна, түлээ түлшээ базаахгүй бол горьгүй.　　直訳は「冷たい口はこちら、馬乳酒袋の口はあちら」。馬乳酒は夏から秋の飲み物、冬到来とともに馬乳酒の季節は終わる。
冬がやってくるぞ、燃料を準備しないとだめだ。

Хүний халуун сэтгэл рүү хүйтэн ус цацаж болохгүй.　　直訳は「冷水をかける」。
人の熱意を裏切ってはいけない。

Ойд явж байтал баавгайтай тулчихаад нуруу руу хүйтэн хөл асгах шиг болсон шүү.　　直訳は「冷汗をかく」。
森を歩いていると突然、熊と出くわして怖かったよ。

— 251 —

ХҮН АВАХГҮЙ	人が望まない、人が好まない、人が嫌がる
ХҮН БОЛОХ	一人前になる、大人になる、自立する
ХҮН ДҮРСЭЭ АЛДАХ	人間的でなくなる、人間性を失う、残酷になる
ХҮН УРАХ	仲たがいさせる、仲間割れさせる、喧嘩を売る
ХҮН ХИЙЖ АВАХ	子供を育てる、子供を一人前にする、子を養育する
ХҮН ЦАРАЙЧЛАХ	人の言うままになる、人の顔色をうかがう、人につき従う、手下になる
ХҮН ЭВДРЭХ	人間性を失くす、人間がダメになる、人間的に失格する
ХҮНД ОЧИХ	結婚する、嫁に行く、嫁ぐ
ХҮНИЙ АДАГ	駄目な奴、最低な奴、人間のクズ、愚か者
ХҮНИЙ АМ ХАРАХ	他人の発言の様子をうかがう、人の助言、忠告を待つ
ХҮНИЙ АМААР БУДАА ИДЭХ	他人の言葉で話す、自分の考えがなく人の言うまま、人の言う通りに生きる
ХҮНИЙ ГАР ДЭЭШ НЬ ХАРУУЛАХ	ХҮНИЙ ГАР ЦАЙЛГАХを見よ

Чи битгий хүн авахгүй юм яриад бай.
お前は人が嫌がることを言うのを止めろ。

Хүү минь хүн болж л байна даа. 直訳は「人になる」。
私の息子は一人前になっているよ。

Шунал ихэдвэл хүн дүрсээ алдна. 直訳は「人間の姿をなくす」。
欲が大きくなると人間性が失われる。

Тэр дандаа хүн урж байх юм. 直訳は「人を引き裂く」。
彼はいつも喧嘩を売っている。

Төмөр гуай тэр өнчин хүүхдийг гэртээ авчраад хүн хийж авсан юм гэдэг. 直訳は「人を作り上げる」。
トムルさんは、あの孤児を家に引き取って一人前に育てたそうだ。

Дүү минь эрдэм номоо сайн сурахгүй бол насан турш хүн царайчлаж явах болно шүү.
弟よ、よく勉強しないと一生他人の言うままに生きることになるよ。

Эд хөрөнгөний шуналаас болж хүн эвдэрнэ шүү. 直訳は「人が壊れる」。
財産への欲望から人間性を失くすよ。

Охин минь ч хүнд очих насанд хүрлээ. 直訳は「人のところに行く」。
私の娘は結婚する年齢になった。

Хүний ул шагайна гэдэг ёстой хүний адаг.
人のアラを探すというのは人間のクズだ。

Хүний ам харалгүй өөрийнхөө асуудлыг өөрөө шийдэх нь зөв. 直訳は「人の口を見る」。
他人に頼らないで自分のことを自分で決める方がいい。

Хүний амаар будаа идэх тийм сайхан юм биш. 直訳は「人の口で米を食べる」。
他人の言うまま生きるというのは良いことではない。

ХҮНИЙ ГАР ХАРАХ	他人の手助けを当てにする、他人の援助を待つ、他人に頼る
ХҮНИЙ ГАР ЦАЙЛГАХ	人を支援する、手助けする、贈り物をする、お礼をする
ХҮНИЙ ГАРААР МОГОЙ БАРИУЛАХ	他人に嫌なことをさせる、自分の手を汚さない、嫌なことに人を使う
ХҮНИЙ ГАРТ ОРОХ	病気になる、病臥する、人の看護を受けるようになる
ХҮНИЙ ИДЭШ БОЛОХ	批判にさらされる、攻撃の餌食になる、人の食いものになる
ХҮНИЙ НҮҮР ХАЛУУН	人と会うのを恐れる、人と顔をあわせたがらない、会うのが嫌
ХҮНИЙ НҮҮР ХАРЖ ЧАДАХГҮЙ	(悪事をしたり、悲嘆に暮れたりの理由で)人の顔を見ることができない、合わす顔がない
ХҮНИЙ ҮГ ХОР БОЛОХ	人の意見、注意を聞かない、忠告を無視する、助言を聞かない
ХҮНИЙ ҮНЭР	人間らしさ、人柄、人間性

Аль болох хүний гар харалгүй амьдрах юмсан гэж бодох юм.
できる限り、他人に頼らずに生きたいと思っている。

直訳は「人の手を見る」。

Маргааш их дэлгүүр орж, хүний гар цайлгах юм авах санаатай байна.
明日デパートへ行き、人にあげるものを買うつもりだ。

Хүний гараар могой бариулах муухай амьтан манайд байхгүй.
他人に嫌なことをさせようとする悪い奴は、私たちのところにはいないよ。

直訳は「人の手で蛇をつかませる」。

Хүний гарт орсон өвчтөнг асарч сувилах гэдэг хэцүү боловч энэрэнгүй сайхан ажил юм.
病気になった人の看護というのは厳しいけれども、人道的な素晴らしい仕事だ。

直訳は「人の手の中に入る」。

Буруу юм ярьж хүний идэш болохоос болгоомжилж яв.
間違ったことを話して他人に批判されないように気を付けなさい。

直訳は「人の餌になる」。

Би түүнээс мөнгө гуйж чадсангүй, хүний нүүр халуун юм.
私は彼に金の無心ができなかった、人に会うのが怖いのだ。

直訳は「人の顔が熱い」。

Буруу явбал хүний нүүр харж чадахгүй болно.
悪いことをすると、人に合わす顔がなくなる。

Чамд хүн хэлсээр байтал яагаад буруу хийчихэв ээ. Ёстой хүний үг хор болсон амьтан юмаа, чи.
お前に人が話しているのに、どうして間違いをしてしまうのか。まったく人の意見を聞かない奴だな、お前は。

Тэр хүний үнэртэй хүн шүү.
彼は人柄が良い人間だ。

直訳は「人間の匂い」。

— 255 —

ХҮНИЙ ҮНЭР АЛДАХ	残酷になる、人間的でなくなる、人間性を失う
ХҮНИЙ ЦАРАЙ ХАРАХ	人の手助けを当てにする、他人の顔色を窺う、自己がない、日和見な
ХҮНИЙ ЦУСААР АМАА УГААХ	他人の死、不幸で愉しみを味わう、他の苦しみを踏み台にする
ХҮНЭЭ АЛДАХ	ХҮНИЙ ҮНЭР АЛДАХを見よ
ХҮНЭЭ БАРАХ	人間らしさを失う、人柄が悪くなる、人間的でなくなる
ХҮҮХНИЙ ТЭНГЭРТЭЙ	女性に好かれる、持てはやされる、もてる
ХҮЧ АВАХ	活気づく、元気になる、力を付ける、活力を得る、気力を付ける
ХЭВТЭЭ ХОНЬ БОСГОДОГГҮЙ	温和、穏やか、大人しい、他人に無害
ХЭЛ АВАХ	消息を聞く、情報を得る、連絡を受ける、音沙汰がある
ХЭЛ АМ ГАРАХ / ХИЙХ /	論争する、口喧嘩する、不平を言う
ХЭЛ АМ ЗАГАТНАХ	言いたくなる、話したくなる、話したくてたまらなくなる

Ачтай тустай хүнээ мартаж хүний үнэр алдсан юм хийж болохгүй.
恩人を忘れて、人間性を失うようなことをしてはいけない。

直訳は「人の匂いを失う」。

Нас өтөлсөн ч хүний царай харалгүй хэдэн малаа маллаад явчих юмсан гэж бодох юм даа.
老いても人に頼らず、数少ない家畜の世話をして暮らしたいと思っているよ。

直訳は「人の顔を見る」。

Фашистууд бол хүний цусаар амаа угааж байсан улс.
ファシストというのは他人の苦しみで愉しみを味わっていた奴らだ。

Ганц адуунаас болж хүнээ барахгүй шүү.
一頭の馬のせいで人間らしさを失うことはないよ。

Тэр залуу сайхан хүүхний тэнгэртэй хүн.
彼は若い美しい女性たちに好かれる人だ。

Амралтанд явж хүч авмаар байна.
保養所に行って元気を付けたいな。

Түүнийг хэвтээ хонь босгодоггүй хүн гэлцдэг юм.
彼はまったく温和な人だと言われている。

直訳は「横になっている羊を起こさない」。

Цэрэгт явсан хүүгээс өчигдөр хэл авлаа.
兵隊に行った息子から昨日連絡を受けた。

Ажлаас болж хүмүүсийн хооронд хэл ам гарах явдал хааяа байдаг.
仕事に関する問題で人々の間にはしばしば口論がある。

直訳は「舌と口を出す」。

Үзсэн харсан бүхнээ ярих юмсан гэж түүний хэл ам загатнаж байв.
見たこと、体験したことをすべて話したくてたまらない。

直訳は「口と舌が痒くなる」。

ХЭЛ АМ НЬ ЗАГАТНАХ	口論を仕掛ける、口喧嘩を目論む
ХЭЛ АМ СУГАЛАХ	しつこく聞く、いろいろなことを聞き出す、さまざまな質問をする
ХЭЛ АМ ТАТЛАХ	騒動を起こす、大声で口論する、喧嘩をする、訴訟を起こす
ХЭЛ АМ УДАХ	ХЭЛ АМ ТАТЛАХ を見よ
ХЭЛ АМ ХИЙХ	不平不満をいう、文句を言う、喧嘩する
ХЭЛ АМ ХҮРЭХ	他人の言動が悪影響する、他人の言動に惑わされる
ХЭЛ АМ ЭЭДРЭХ	口がもつれる、言葉が回らなくなる
ХЭЛ АМАА БИЛҮҮДЭХ	ХОШУУГАА БИЛҮҮДЭХ を見よ
ХЭЛ АМАА ЦООЖЛОХ	АМАА ҮДЭХ を見よ
ХЭЛ АМАНД ОРОХ	人々に批判される、非難を受ける、問題を起こす
ХЭЛ АМГҮЙ	①申し分のない、文句のない、問題のない ②口がきけない、何も言えない、無口な

Тэр чинь хэл ам нь загтнасан сүрхий хүн юм.
彼女は口げんかを仕掛ける凄い人だ。

直訳は「舌と口が痒くなる」。

Тэр чинь хэл ам сугалчих гэсэн сүрхий хүн юм.
彼はいろいろなことを質問する活発な人だ。

Хэл ам татлаад байх хэрэггүй, чимээгүй байж бай.
大声を出しての喧嘩は無用、静かにしなさい。

直訳は「舌と口を引っ張る」。

Хэрэгтэй хэрэггүй юман дээр хэл ам хийж явах тийм сайхан юм биш.
どうでもいいことに文句を言うのは、そんなに良いことではない。

Сайн яваа хүн хэл ам хүрнэ гэж айх хэрэггүй.
しっかり行動している人は、他人の言動に惑わされて恐れることはない。

Жаахан л архи уувал тэр дороо хэл ам ээдрээд согтчихдог хүн бий.
少し酒を飲むと、すぐに口が回らなくなって酔ってしまう人がいる。

直訳は「舌と口が縺れる」。

直訳は「舌と口に鍵をかける」。

Тэр мөнгөнөөс болж би хэл аманд орж сая л учрыг нь олж санаа амраад байна.
そのお金のことで問題を起こし、やっと解決してほっとしているところだ。

①Энэ удаагийн шалгалтыг хэл амгүй давлаа.
今回の試験は文句なしに合格した。
②Тэр юу ч болсон хэл амгүй суучихдаг хүн.
彼は何があっても何も言えない人だ。

直訳は「舌と口がない」。

ХЭЛ АМТАЙ	議論好き、喧嘩好き、喧嘩っ早い
ХЭЛ ЗАЛГАХ	新しい情報を得る、消息を得る、連絡を受ける
ХЭЛ ЗАЛГУУЛАХ	①連絡する、情報を与える、消息を伝える ②通訳する、翻訳する
ХЭЛ УЛГҮЙ	消息がない、連絡がない、音沙汰なし
ХЭЛ ХУГАЛАХ	言いにくい、発音しにくい、発音が難しい
ХЭЛЭН ДЭЭР ЮМ ТАВИХ	食べる、飲食する、食べ物を口に入れる
ХЭЛЭХ САЙН ҮГЭЭ ОЛЖ ЯДАХ	大変嬉しい、言葉で言い表せないほど嬉しい
ХЭЛЭЭ ХАЗАХ	①黙る、黙っている、声を出さない ②甘える、おべっかを使う、おもねる

Хэл амтай хүнээс холуур явсан нь дээр.
喧嘩好きな人とは距離を置いていたほうがいい。

直訳は「舌と口がある」。

Хүү минь цэрэгт явсаар сураг чимээгүй л байсан юм. Өчигдөр дүү нь цэргээс буцаж ирээд хэл залгалаа.
息子が軍隊に行ってから音沙汰がなくなっていた。昨日、弟が軍隊から戻ってきて消息が分かった。

直訳は「舌をつなぐ」。

①Алс холоос хэл залгуулж ирсэн түүнд бүгд талархаж байна.
かなり遠くから連絡をしてきた彼にみんな感謝している。
②Англи хэл мэдэхгүй надад хэл залгуулж, их тус боллоо.
英語が分からない私に通訳してくれて、本当に助かった。

Чи чинь яагаад хэл улгүйй алга болчихов оо？
お前はどうして、連絡もなしにいなくなったんだ？

Хэл хугалчихмаар урт үг байна шүү энэ чинь.
長くて発音しにくい単語だね、これは。

直訳は「舌を折る」。

Ажил гэж их, өглөөнөөс хойш хэлэн дээр юм тавих зав гарсангүй.
仕事が多くて、朝から食べるヒマがなかった。

直訳は「舌の上にものを置く」。

Өвөө минь баярласандаа хэлэх сайн үгээ олж ядав.
うちのおじいさんが喜んだことがとても嬉しかった。

①Чиний хийж байгаа буруу шүү гэж хэлэх гэсэн боловч уурлахаас нь айгаад хэлээ хазав.
お前のしていることは誤りだよと言おうとしたが、怒るのを恐れて黙った。
②Миний охин айл гэрийн эзэгтэй болчихоод хэлээ хазаад байна уу даа.
娘よ、もう結婚しているのにまだ甘えているのか。

直訳は「舌を噛む」。

ХЭМЖЭЭ ДАМЖААГҮЙ	大変多い、極めて大きい、無限の、沢山の
ХЭН ХҮНГҮЙ	誰も彼も、皆、皆すべて
ХЭН Ч ҮГҮЙ	ХЭН ХЭНГҮЙ を見よ
ХЭРЭГ ЦАГААРАХ	罪が晴れる、無実になる、潔白となる、自由になる、解放される
ХЭЭЛ АВАХ	（動物について）妊娠する、懐妊する、種付けする
ХЭЭЛ АВАХУУЛАХ	（家畜について）種付けする、交尾させる、懐妊させる

Ц

ЦААНА НААНЫГ МЭДЭХ	物事をよく知っている、筋が通る、道理を知る
ЦААНА НЬ ГАРАХ	成功させる、成就する、（喧嘩や論争に）勝つ、言い負かす
ЦААСАН ДАРЦАГ ШИГ / МЭТ /	軽薄な、不注意な、軽率に、無思慮な

Багшийн гэрт очсон чинь хэмжээ дамжаагүй их номтой байсан.
先生の家に行ったら、とても多くの本があった。

Тэр асуудлыг хэн хүнгүй мэдэж байгаа.
その問題は誰もが知っている。

Хилс хэрэгт гүтгэгдэн шаналсаар жилийн нүүр үзсэн боловч хэрэг цагаарч сэтгэл тэнийжээ.
不当に中傷されて1年中苦しんでいたが、潔白が証明されて安心した。

Хоёрдугаар сар бол ингэ хээл авах цаг.
2月は雌ラクダが妊娠する季節だ。

Мал хээл авахуулах ажлыг эртээс сайн бэлтгэж явуулах хэрэгтэй.
家畜の種付け作業は、前もってしっかり準備する必要がある。

Багшдаа учир явдлаа сайн ярь, цаана нааныг мэдэх хүн чамд хэрэгтэй үг хэлж өгнө.
先生に状況をよく話しなさい、物事をよく知っている人だから役立つことを教えてくれるよ。

Дулмаа ямар ч ажлыг цаана нь гарч л байж санаа амрах хүн. | 直訳は「向こう側に出る」。
ドルマーさんはどんな仕事でも成就してやっと気が収まる人だ。

Залуу нас гэдэг хэн хүнгүй цаасан дарцаг шиг хийсч явдаг нас. | 直訳は「紙の旗のよう」。
若い時と言うのは、誰もが無思慮にフラフラしている年だよ。

ЦААСАН МАЛГАЙ ӨМСГӨХ	ゴマをする、お世辞を言う、おべっかを使う
ЦААШ НЬ ХАРУУЛАХ	殺す、殺害する、撲滅する、駄目にする
ЦААШАА ХАРАХ	死ぬ、亡くなる、命を失くす
ЦАГ ҮРГЭЛЖ	いつも、いつでも、しょっちゅう
ЦАГААН ДОЛГОР	ウオッカ
ЦАГААН ЗАМТАЙ	平坦な道、良い行い、善行
ЦАГААН СЭТГЭЛТЭЙ	СҮҮН СЭТГЭЛТЭЙを見よ
ЦАГААН ТОЛГОЙ	アルファベット
ЦАГААН ҮЙЛС	良い行い、善行、道徳に適った行い
ЦАГААН ХАНИАД	軽い風邪

Сайн хүн сайн хүн гэж цаасан малгай өмсгөөд байна уу даа.
いい人だ、いい人だと言ってゴマをすっているのか？

直訳は「紙の帽子を被せる」。

Өнгөрсөн шөнө хүний амь цааш нь харуулсан хэрэг гарч гэнэ.
昨夜、殺人事件があったそうだ。

直訳は「向こうを見させる」。

Дамба гуай энэ ажлынхаа үр дүнг ч үзэж чадалгүй цаашаа харчихлаа даа хөөрхий минь.
ダンバさんはこの仕事の成果を見ることもできずに亡くなってしまったよ、可哀そうに。

直訳は「向こうを見る」。

Бид нар багшийнхаа тухай цаг үргэлж дурсан ярьдаг юм.
私たちはいつも先生のことを思い出して話している。

Дэлгүүрт орж, нэг шил цагаан долгор авлаа.
店に入って、ウオッカを1本買った。

直訳は「白いドルゴル（人名）」。

Тэр цагаан замтай хүн, жаргалгүй яахав.
彼は良いことをしている人だから、幸せになるのは当然だ。

直訳は「白い道」。

直訳は「心が白い」。

Манай хүү 6 настай байхдаа цагаан толгой цээжлээд уншиж сурсан.
うちの子は6歳のときアルファベットを覚えて読めるようになった。

直訳は「白い頭」。

Энхийн төлөө хийсэн цагаан үйлс олон түмний сэтгэлд хүрнэ.
平和のために行った善行は多くの人々の心に届くよ。

直訳は「白い行為」。

Өчигдөр бие жаахан эвгүй байсан чинь цагаан ханиад хүрсэн байжээ.
昨日、ちょっと体調が悪かったが、軽い風邪を引いたんだ。

直訳は「白い風邪」。

— 265 —

ЦАГААН ХЭЛ АМ БОЛОХ	褒めそやされて駄目になる、褒め殺しにあう、褒めちぎる、いいことばかり言う
ЦАГААН ХЭЛ АМ ТУСАХ	呪われる、呪詛にかけられる、呪いにはまる
ЦАГААН ХЭЛ АМ ХҮРЭХ	ЦАГААН ХЭЛ АМ ТУСАХ を 見よ
ЦАГААН ЦЭЦЭГ	天然痘、ホウソウ
ЦАГААНДАА ГАРАХ	悪事を平気でする、外聞を憚らない、分をわきまえない、厚顔無恥
ЦАДИГАА АЛДАХ	秩序を失くす、いいかげんにする、規律を失くす、でたらめ
ЦАЙНЫ ДЭЭЛ	晴れ着、盛装の着物、ハレの場所で着る着物
ЦАРАЙ АЛДАХ	①気落ちする、元気をなくす、顔色が悪くなる ②(我慢して) 懇願する、哀願する、取り入る

Баатарын бие нь нэг сайнгүй болчихлоо. Хүн бүр эрүүл чийргийг гайхаад байсан, цагаан хэл ам хүрсэн байхаа.
バータルが具合悪くなった。丈夫なのを皆が驚いていたんだが、褒め殺しにあったんだろう。

Цагаан хэл ам туссан хүн л ийм байдаг байх даа, хийх хийхгүй муу хийгээд байдаг болж.
呪いにかけられた人とはこんな感じかな、やりたくないこともやってしまうようだ。

Одоо цагаан цэцэг гэдэг өвчин туслаа гэж дуулдахгүй болжээ。　　　　　　　　　　　直訳は「白い花」。
現在は天然痘にかかったという話はあまり聞かなくなった。

Авилгал авсан хэрэг нь илэрсээр байтал тэр хүн бүр цагаандаа гарчээ.
賄賂をもらったことがばれているのに、彼は平気でいられる。

Чи яасан цадигаа алдсан хүүхэд вэ！
お前は何といいかげんな子なんだ！

Охид бүсгүйчүүд цайны дээлээ өмсөөд наадамд мордов。　　　　　　　　　　　　　　　直訳は「茶の着物」。
娘や女性たちは晴れ着を着てナーダムを見に行った。

①Муу дүү минь аавыгаа өнгөрснөөс хойно бүр царай алдчихлаа。　　　　　　　　　直訳は「顔を失う」。
私の弟は父が亡くなってからまったく元気がなくなってしまった。
②Заа, чамайг тусалсангүй гээд би царай алдахгүй.
あなたが助けてくれなかったといって、私は懇願したりはしない。

ЦАРАЙ ГАРГАХ	格好つける、見せかける、体裁をつくろう
ЦАРАЙ ДАРАХ	顔色が悪くなる、元気がない
ЦАРАЙ ӨГӨХ	НҮҮР ӨГӨХ を見よ
ЦАРАЙ ХАРАХ	他人に頼る、人を頼りにする、手助けを待つ
ЦАРДУУЛ ХУГАРАХ	意気消沈する、元気を失くす、勇気を失くす
ЦООЖТОЙ АВДАР ШИГ	口が固い、秘密を守る、他言をしない、約束を守る
ЦООРХОЙ ХҮН	聡明な人、思慮深い人、学識の高い人、知性のある人、優れている人
ЦОР ЦОР ХИЙХ	（年長者に向かって）文句を言う、争う、いがみ合う
ЦӨС ХАЙЛАХ	大変怖い、恐ろしい、非常に恐れる、大変おびえる
ЦӨС ЦАЛГИХ	怒る、立腹する、腹を立てる、怒りを爆発させる
ЦӨХРӨНГӨӨ БАРАХ	方法が尽きる、万策尽きる、仕方なくなる

Дотроо дургүй боловч хүлээн зөвшөөрсөн царай гаргав. 内心では好きではなかったが、了解したような体裁をつくろった。	直訳は「顔を出す」。
Бат ойрдоо нэг л царай дараад байна. 最近、バトさんは元気がなさそうだ。	直訳は「顔が抑えられる」。

Хэдэн малынхаа хүчээр хүний царай харахгүй амьдарч байна. 何頭かの家畜のお陰で、人に頼らず暮らしている。	直訳は「顔をうかがう」。
Омогтой хүний цардуул хугарах шиг болж, дуугаа хураав. ごう慢な人が意気消沈して黙りこんだ。	
Тэр ёстой цоожтой авдар шиг хүн, итгэж болно. 彼はまったく口が固い人だから信用できる。	直訳は「鍵のかかった箱のよう」。
Манай багш ёстой цоорхой хүн байсан. 私たちの先生は、まったく聡明な方だった。	直訳は「穴が開いた人」。
Настай хүний үгэнд орохгүй цор цор хийгээд байх муухай шүү. 年寄りの言葉に従わずに文句を言うのは良くないぞ。	
Хөдөөний айлын нохойноос ёстой цөс хайлах шахах юм. 草原の家の犬は本当に怖いよ。	直訳は「胆のうが溶ける」。
Тэр ажил нь бүтэхгүй захирлын цөс цалгиж, их багагүй сандарлаа. その仕事がうまくいかないで上司が怒りを爆発させ、皆が狼狽した。	直訳は「胆のうが波打つ」。
Би энэ зургаа зурж чадахгүй,бүр цөхрөнгөө бараад байна. 私はこの絵を描くことができない、まったく万策尽きた。	

ЦУРАМ ХИЙХ	ちょっと横になる、ほんの少し眠る、少し休む
ЦУС МАХНЫ ХОЛБОО	親類、血縁関係、縁故
ЦУСААР УЙЛАХ	大変欲しがる、強く願う、哀願する
ЦУСГҮЙ АЛАХ	秘かに危害を加える、陰で苦しめる、陰湿にいじめる
ЦЭВРҮҮ ШИГ	か弱い、いたいけな、可愛い、愛らしい
ЦЭХЭВ ЦЭХЭВ ХИЙХ	冷やかな目で横からみる、しょっちゅう流し目をする、斜めから見る
ЦЭЦЭН ЦЭЛМЭГ	賢明な、聡明な、的確な
ЦЭЭЖНИЙ ХӨНДИЙ РҮҮ ЮМ ХАЯХ	食べる、噛む、ものを噛み砕く
ЦЭЭЖЭЭ ХАВТАСЛАХ	学問を身につける、知識を深める、教養を身につける

Би охиндоо санаа зовоод урьд шөнө цурам хийсэнгүй.
私は娘のことが心配で昨夜、ちっとも眠れなかった。

Би тэд нартай цус махны холбоотой хүн. 直訳は「血肉の繋
私はあの方がたとは血縁関係にある人間だ。 がり」。

Энэ миний ганц хайртай морь. Цусаар уйлсан ч 直訳は「血の涙を
хүнд өгөхгүй ээ. 流す」。
これは私の唯一の大事な馬だ。いくら欲しがってもあげないよ。

Тэр чинь хүнийг цусгүй алдаг хүн. 直訳は「血を出さ
あいつは人を陰でひどく苦しめる奴だ。 ずに殺す」。

Цэврүү шиг ганц охиндоо аав ээж хоёр нь амин 直訳は「水泡のよ
голоосоо хайртай. う」。
愛らしい一人娘を両親は心の底から愛している。

Тэр юу ч дуугаралгүй байн байн цэхэв цэхэв хийгээд л байсан.
あの女性は何も言わずに、たびたび嫌な流し目をしていた。

Тэр их цэцэн цэлмэг яриатай хүн байна.
あの人は大変賢明な話をする人だ。

Танайд цээжний хөндий рүү хаях юм байна уу ?
あなたのところには食べるものはありますか?

Хөгшин залуугүй аливаа хүн ном эрдэм сурч цээжээ хавтаслах нь зөв.
老若の区別なく、すべての人々が学習し教養を身につけることは良いことだ。

Ч

ЧАНГА ГАРТАЙ	ケチな人、物惜しみする人
ЧИ БИ ДЭЭ ХҮРЭХ / ТУЛАХ /	争う、互いにののしり合う、いがみ合う、ケンカする
ЧИГЧИЙ ХУРУУНД Ч ХҮРЭХГҮЙ	釣り合わない、匹敵しない、きわめて不十分、不完全、及ばない
ЧИГЧИЙН ЧИНЭЭ	БЭЭЛИЙН ЧИНЭЭを見よ
ЧИЙГ АВАХ	湿っぽくなる、しめる、湿気が加わる
ЧИМЭЭ АВАХ	消息を聞く、連絡を受ける、便りが届く、音沙汰がある
ЧИНГЭЛЦЭГ ХАГАРАХ	大変恐れて震える、怖くて身震いする、怖くて震えあがる
ЧИХ АМРАХ	（小言を聞かずに）ホッとする、耳障りなことに耳をふさぐ
ЧИХ ЗӨӨЛӨН	ЗӨӨЛӨН ЧИХТЭЙを見よ
ЧИХ НЬ АЛТ БОЛОХ	忠告、注意などを聞かない、忠告などを無視する

— 272 —

Тэр чанга гартай хүн, тэр морио тийм амархан өгөхгүй байхаа.   直訳は「強い手」。
彼はなかなかケチだから、その馬をそう簡単に手放しはしないだろう。

Тэд нар чи би дээ тулсан ч маргааш нь уулзаад учраа олсон юм шиг байна.   直訳は「お前、俺に至る」。
彼らは互いにののしり合っていたが、翌日には会って理解しあったようだ。

Бид Рэнчин багшийн чигчий хуруунд ч хүрэхгүй.
私たちはリンチン先生にはとても及びもつかない。

Өчигдрийн бороонд чийг авчихсан түлээ сайн шатахгүй байна.
昨日の雨で湿っぽくなって薪がよく燃えない。

Гадаадад сурдаг хүүгээсээ саяхан чимээ авлаа.   直訳は「音を取る」。
外国に留学している息子から最近、便りが届いた。

Гэнэт хажууд буу дуугарахад чингэлцэг хагарчих шахлаа.
突然、近くで鉄砲が鳴ったので怖くなって身震いした。

Эгч явж чих амарлаа.   直訳は「耳が休む」。
姉が帰って行って、小言を聞かずにホッとした。

Энэ чих нь алт болсон охин.   直訳は「耳が金になる」。
これは人の忠告を聞かない娘だ。

ЧИХ ТАВИХ	聞き耳をたてる、傾聴する、連絡を待つ、盗み聞きする、注意して聞く
ЧИХ ХАЛУУЦУУЛАХ	悪い知らせを聞かせる、心配させる、恥をかかせる
ЧИХ ХАТУУ	耳が聞こえない、耳が遠い、耳が悪い
ЧИХ ЦОХИХ	聞く、耳に入る、聞こえる
ЧИХГҮЙ ТОЛГОЙ ШИГ / МЭТ /	聞いてない、感じてない振りをする、耳に入らない、知らん振りする
ЧИХНИЙ ХАЖУУГААР ӨНГӨРӨӨХ	聞き逃す、聞きもらす、聞き落とす
ЧИХНИЙ ХЭНГЭРЭГ ХАГАЛАХ	うるさい、声が大きすぎる、大声を出す
ЧИХНЭЭС ХОНХ УЯХ	うるさく言う、ガミガミ言う、うるさがらせる
ЧИХЭНД ХҮРЭХ	聞こえる、耳に入る、情報が伝わる、聞き知る

Хотод суугаа хүүгээс минь сураггүй байна. Би өдөр болгон чих тавиад л байна.
街に住んでいる息子から連絡がない。私は毎日、連絡を待っている。

直訳は「耳を置く」。

Дорж ахын хэдэн хүүхэд хүмүүжил сайтай, аав ээж хоёрынхоо чихийг халууцуулаагүй өдий хүрсэн.
ドルジ兄さんの何人かの子供たちはしつけが良くて、両親には心配させないで成長した。

直訳は「耳を熱くさせる」。

Өвгөн чих хатуу бололтой дахин дахин юу гэнээ гэж асуух юм.
お爺さんは耳が遠いようで、何度も「何だって」と聞くよ。

直訳は「耳が堅い」。

Бас нэг тийм сураг чих цохисон шиг санагдаж байна.
また一つ、そんな消息が耳に入ったように思われる。

直訳は「耳を打つ」。

Тэр хэн ч юу ч хэлсэн чихгүй толгой шиг, ном уншаад л суугаад байдаг хачин хүн шүү.
彼は誰が何を言っても知らん振りして本を読んで座っているおかしな人だよ。

直訳は「耳のない頭のよう」。

Тэр яриаг чихний хажуугаар өнгөрөөсөн байна.
その話を聞き逃した。

直訳は「耳のそばを通りすぎる」。

Хүүхдүүд ээ, чимээгүй бай, чихний хэнгэрэг хагаллаа.
子供たちよ、静かにしなさい、大声を出すな。

Хичээлээ хий гэж ээж чихнээс хонх уядаг байлаа.
勉強しなさいと母はうるさく言っていた。

直訳は「耳に鈴をつける」。

Батын гэрлэсэн нь Дулмаагийн чихэнд хүрчээ.
バトが結婚したことはドルマーの耳に入った。

ЧИХЭНД ЧИМЭГТЭЙ	耳障りのいい、耳に心地よい言葉、嬉しい言葉
ЧӨДӨР БОЛОХ	足かせになる、邪魔になる、妨げになる、障害になる
ЧӨДӨР ГАЛЗУУ ТУССАН ЮМ ШИГ / МЭТ /	酒に酔ってフラフラする、酒でフラフラに酔う、酔って暴れる
ЧӨТГӨР ТОГТОХЫН АРГАГҮЙ	苦しい、厳しい、我慢できない、辛い
ЧӨТГӨРИЙН БАГА НЬ АДТАЙ	大きいばかりが能でない、子供は立ち直りが早い
ЧУЛУУ ХӨӨЛГӨХ	だます、欺く、嘘をつく、ずるく振る舞う、ずるをする
ЧУЛУУН ЗҮРХТЭЙ	冷たい心、冷酷な、残酷な、無慈悲な

Ш

ШАВАЙ ХАНАХ	満足する、十分と思う、心が満たされる
ШАЗУУР ЗУУХ	我慢する、耐える、堪える

Чихэнд чимэгтэй сайхан үг сонсоод баярлаж байна.
耳に心地よい言葉を聞いて喜んでいる。

Хуучин арга баримтлаж, манай урагшлах хөгжилд чөдөр болсон хүмүүс байна.
古いやり方に固執して、私たちの前進の足かせになっている人たちがいる。

Гомбо гэдэг ч жаахан юм уучихаад чөдөр галзуу туссан юм шиг болчихдог хүн.
ゴンボというのは、ほんの少し酒を飲んだだけで酔って暴れる人だ。

Тэр байшин чөтгөр тогтохын аргагүй хүйтэн юм. 直訳は「鬼が落ち着けない」。
あの建物は我慢できないほどに寒いよ。

Чөтгөрийн бага нь адтай гэдэг л энэ дээ. 直訳は「小さい鬼のほうが賢い」。
「大きいばかりが能でない」というのが、これだよ。

Болно бүтнэ гэж чулуу хөөлгөх хэрэггүй шүү дээ.
大丈夫、出来ると嘘をつく必要はないぞ。

Үр хүүхдээ орхиод алга болчих чулуун зүрхтэй эцэг хүн гэж байхгүй. 直訳は「石の心臓」。
自分の子供達を残して、消息を絶ってしまうような無慈悲な父親はいない。

Багынхаа найзтай уулзаж шавайгаа ханатал сайхан ярилаа.
幼なじみの友人と会って、満足するまで楽しく話した。

Шазуур зууж өвчнөө намдтал ёолсонгүй.
我慢して痛みが治まるまで痛いと言わなかった。

ШАЛДАА БУУХ	疲れ果てる、駄目になる、降参する、しょげかえる
ШАЛДАР БАЛДИР	些細な、微々たる、くだらない、不用な
ШАР МАХТАЙГАА ХАТАХ	苦しむ、苦悩する、悲しむ、苦悩に満ちる
ШАР СЭМЖЛЭХ	年老いても好色な人、好色な老人、色好みの年寄り
ШАР ТАЙЛАХ	二日酔いを治す迎い酒を飲む、悪酔いを治すために少量の酒を飲む
ШАР ТОС ШИГ	きれい、美しい、素晴らしい、心地よい
ШАР ХӨДЛӨХ	うらやむ、妬む、腹が立つ、悪意を持つ、怒る
ШАР ШИЛМҮҮСЭНД АСААСАН ГАЛ ШИГ / МЭТ /	激しい気性、怒りっぽい性格、険しい、鋭い
ШИЙР ЗААХ	優っている面を示す、得意な面を出す、得意技を出す
ШИЙР ХАТААХ	継承する、引き継ぐ、継続する、後を継ぐ

Танхай залуу цагдаад баригдаад шалдаа буучихсан байв.
暴力的な若者が警察に捕まって、すっかりしょげかえっていた。

Шалдар балдир юм яриад явах тусгүй.
くだらないことばかり話していくのはよくない。

Хүү минь гэрээ санаад шар махтайгаа хатаж байгаа болов уу гэж ээж нь санаа зовно.
息子がホームシックになって苦しんでいないかなと、母が心配している。

Настай хүн сайхан хүүхэн хараад сээтгэнээд байвал шар сэмжилсэн амьтан гэнэ шүү.
年老いたにも拘らず美しい女性を追いかけていると、好色老人だと悪口を言われるよ。

Архи уусныхаа маргааш шараа тайлмаар санагддаг юм. | 直訳は「胸やけをなくす」。
お酒を飲んだ次の日、迎え酒を飲みたくなるよ。

Наадах чинь яасан шар тос шиг үг вэ, сонсоход таатай. | 直訳は「バターのよう」。
これは何と美しい言葉なんだろう、聞いていて心地よい。

Шалгалтынхаа дүнг хараад түүний шар нь хөдөлжээ.
試験の結果を見て、彼は自分自身に腹が立った。

Цэрэн шар шилмүүсэнд асаасан гал шиг дүрсхийдэг зантай.
ツェレンは激しい気性を突然現わす性格だ。

Цэрэн аврага Баянмөнх аврагыг аргагүй л шийр зааж хаялаа даа. | 直訳は「脛を示す」。
横綱ツェレンは横綱バヤンムンフを得意技で投げ飛ばした。

Батхүү аавынхаа шийрийг хатааж сайн малчин болжээ. | 直訳は「脛を乾かす」。
バトフーは父の後を継いで立派な牧畜民になった。

ШИЛ ЗААХ	自己主張をする、強情を張る、頑固にする
ШИЛ НЬ ТАТАХ	曲がる、ゆがむ、駄目になる、頑固になる、食い違う
ШИЛ ШИЛЭЭ ДАРАХ	次々と後から迫ってくる、後続が迫る、後ろから詰める
ШИЛИЙГ НЬ ХАРАХ	①別れる、さよならをする ②終わらせる、終了する、終結させる
ШИНГЭН МӨР ҮЗЭХ	小便をする、おしっこをする
ШИНЭ СЭРЭГ ДЭЭРЭЭ	新しいうち、新鮮なうち、最初のうち
ШОРОО ҮМХЭХ	苦しむ、困難を味わう、苦労する
ШОРОО ХӨДӨЛГӨХ	ТООС ХӨДӨЛГӨХを見よ
ШОРОО ЦАЦАХ	ХҮЙТЭН УС ЦАЦАХを見よ
ШОРОО ШИГ	沢山の、無数の、大量の、群がり

Тэр инженер өөрийнхөө зохиосон төслөө шил зааж хамгааллаа.
その技術者は自分の作成した案を頑固に守った。

直訳は「うなじを示す」。

Өчигдөр уулзахад зүгээр байсан хүн өнөөдөр шил нь татчихсан байна.
昨日会ったときは普通だった人が、今日は強情になってしまった。

直訳は「うなじが引きつる」。

Орон нутагт шил шилээ дарсан олон шалгалт очдог байлаа.
地方に次々とたくさんの調査団が行っていた。

①Хэл амтай Шаравын шилийг нь харж чих амарлаа.
議論好きのシャラブと別れてほっとしたよ。

直訳は「うなじを見る」。

②Энэ ажлын шилийг нь харж нойртой хонох минь.
この仕事を早く終わらせてゆっくり眠りたいな。

Шингэн мөр үзэх завгүй байлаа.
トイレに行く暇もなかった。

Манай ерөнхий инженер анх ирээд шинэ сэрэг дээрээ их л болгоомжилдог байсан.
私たちの主任技師は最初にやって来て、初めのうちは大変慎重にしていた。

Хэдэн мориноосоо салаад шороо үмхэх гэж байна.
何頭かいた馬をなくして苦労している。

直訳は「土を口にふくむ」。

直訳は「土をかける」。

Тариалангийн талбайд шороо шиг олон машин хүн бужигнаж байна.
耕作地に沢山の人や車が群がっている。

直訳は「土のよう」。

ШӨЛНИЙ ЮМ	食用の羊、解体した羊、羊肉
ШӨНӨ ЯВАХ	夜になる、夜中になる、夜遅くなる
ШӨРМӨС ЗААХ	優っている、断然良い、優秀さを示す
ШУВУУН ЦЭЭЖ	薄っぺらな胸、平らな胸、張りのない胸
ШУУГИАН ДЭГДЭЭХ	噂が広がる、風評が立つ、スキャンダルを起こす
ШУУДАЙД ХИЙСЭН ҮХРИЙН ЭВЭР ШИГ / МЭТ /	不仲な、いがみ合う、仲間割れする、意見が一致しない、ぶつかり合う
ШУУРГА ШИГ / МЭТ /	一瞬で過ぎ去る、アッという間に、猛スピードで
ШҮД ЗУУХ	我慢する、忍耐する、歯をくいしばる、耐える
ШҮДЛЭН ДАРГА	下級の管理職者、下っ端の上司

Танайхаас ганц шөлний юм авах гэж ирлээ. あなたのところから食用の羊を一頭買おうと思ってやって来たよ。	直訳は「スープのだし」。
Шөнө явчихлаа, одоо унтъя. 夜遅くなった、さあ寝よう。	直訳は「夜が行く」。
Доржийн хээр морь улсын наадмын хурдан морины уралдаанд шөрмөс зааж түрүүллээ. ドルジの栗毛馬は国家祭典の競馬大会で断トツの強さで優勝した。	直訳は「腱を示す」。
Дондогийн наана сууж байсан шувууны цээжтэй хүүг хэн гэдэг билээ? ドンドグのこちら側に座っていた薄っぺらな胸の男の子は誰だっけ?	直訳は「鳥の胸」。
Хээл хахуулийн хэргээр шуугиан дэгдээж байсан хүн сонгуульд нэр дэвшихгүй байхаа. 贈収賄事件でスキャンダルを起こした人は選挙候補者にはならないだろう。	
Бид өөрсдөө шуудайд хийсэн үхрийн эвэр шиг байвал энэ ажил амжилт олохгүй. 私たちが不仲でいたら、この仕事は成功しないよ。	直訳は「袋に入れた牛の角」。
Ойрын хэд хоног зав чөлөөгүй шуурга шиг байлаа. この何日かはヒマがなくて、アッという間に過ぎた。	直訳は「嵐のよう」。
Цэргийн гурван жилийг шүд зууж байж л дуусгалаа. 軍隊の3年間を歯を食いしばって任務を終えた。	直訳は「歯を噛む」。
Том дарга нарыг бодвол шүдлэн дарга нар л толгой тасадчих гээд байх юм. 偉い上司たちより、下っ端の管理職たちのほうが厳しいね。	直訳は「3歳馬(家畜)の長」。3歳馬はまだ若く、経験も浅く頼りない。そこから生まれた表現。

ШҮЛС НЬ ГООЖИХ	とても欲が出る、欲しがる、食べたくなる
ШҮЛСЭЭ ЗАЛГИХ	欲しがる、希望する、どん欲になる
ШҮҮСИЙ НЬ ШАХАХ	①搾取する、絞りとる、はぎ取る、かじる ②殴る、ぶつ、叩く、怒る
ШЭЭС НЬ ГООЖИХ	嫉妬する、大変羨ましがる、妬む、うらやむ

Э

ЭВЭР СҮҮЛТЭН	偉い人、権力者、高位高官、支配者
ЭВЭР УРГАХ	高慢になる、自惚れる、鼻を高くする、ごう慢になる
ЭВЭР ХОШУУТАЙ	縁起の悪いことを言う、うわさをする、悪口する
ЭВЭРТЭЙ ТУУЛАЙ ҮЗСЭН ЮМ ШИГ / МЭТ /	驚く、びっくりする、当惑する、いぶかる

Ширээн дээр дэлгэж тавьсан жүрж, нимбэг, усан үзмийг харсан хүүхдүүдийн шүлс нь гоожиж байлаа. 直訳は「唾が垂れる」。
テーブルの上に広げて置いたミカン、レモン、ブドウジュースを見て子供たちは欲しがった。

Тэр дуртай машинаа хараад шүлсээ залгина. 直訳は「唾を飲み込む」。
彼は好きな車を見て欲しがった。

①Энэ уурхайн эзэд ажилчдынхаа шүүсийг шахаж байна. 直訳は「養分を絞り出す」。
この炭鉱の経営者たちは、労働者たちから搾取している。
②Хүний үгэнд орж хүүгийнхээ шүүсийг шахсандаа ээж нь гэмшив.
他人の言葉を信じて子供を叩いたことを母は後悔した。

Дулмаагийн зүүсэн эрдэнийн чулуун шигтгээсэн алтан бөгжийг Хандаа харчихаад бараг шээс нь гоожих дөхөж байлаа. 直訳は「小便を漏らす」。
ドルマーのはめた宝石をはめ込んだ金の指輪を見て、ハンダーは嫉妬を覚えた。

Сонгууль дөхөөд эвэртэн сүүлтэн улс завгүй байх аж. 直訳は「角と尻尾を持つ人」。
選挙が近づいて権力者たちは忙しい。

Эвэр ургачихсан хүн юмуу даа, хүний үг сонсохгүй юм. 直訳は「角が生える」。
何て高慢な奴なんだろう、相手の話を聞かない。

Битгий тийм юм яри, эвэр хошуутай гэдэг чинь. 直訳は「角と口ばしのある」。
そんなことを言うな、縁起が悪いよ。

Тэр яриаг сонсоод бид нар эвэртэй туулай үзсэн юм шиг болов. 直訳は「角のあるウサギを見たよう」。
その会話を聞いて、私たちは大変当惑した。

ЭВЭРТЭН ТУУРТАН	ЭВЭР СҮҮЛТЭН を見よ
ЭД БАД ХИЙХ	①殺す、屠殺する、屠る、処分する ②終える、使い尽くす、失くす、消費する
ЭЗЭН НЬ ТАНИХ	盗まれる、泥棒に遭う
ЭЛГЭЭ ТЭВРЭХ	元気に欠ける、鈍重になる、疲れる、ぐったりする
ЭЛДҮҮР ХАНАХ	耐え忍ぶ、苦労を乗り越える、苦しみに耐える
ЭЛИЙ БАЛАЙ	愚か、馬鹿、物分かりが悪い、ものが理解できない
ЭЛЭГ АВМААР	滑稽きわまる、大変おかしい、物笑い
ЭЛЭГ БАРИХ	無視する、軽くあしらう、見くびる、蔑視する
ЭЛЭГ БУРУУ	親しくない、家族でない、親類でない、他人、心のない人
ЭЛЭГ БҮТЭН	家族、親族全員が元気、無事

①Энд энэ хонийг эд бад хийх хүн байдаггүй.
ここにはこの羊を屠る人がいない。
②Эд хөрөнгөө эд бад хийж үл болно.
財産を使い尽くすことは許されない。

Морь минь алга болжээ, эзэн нь таньсан бололтой. 私の馬がいなくなったよ、盗まれたようだ。	直訳は「持ち主が知っている」。
Элгээ тэврээд яачихсан хүн бэ, цог золбоотой байгаач. どうしたの元気がないね、元気を出しなさい。	直訳は「肝臓を抱く」。
Тэр энэ хэцүү ажлыг олон жил хийлээ, элдүүр нь ханасан даа. 彼はこの困難な仕事を長い間やっていたので、大変なことでも乗り越えられたよ。	
Элий балай болчихсон юм шиг утгагүй юм яриад байх юм. 頭がおかしくなったように意味の分からないことを話している。	
Тэр чинь ёстой элэг авмаар яриа байна. それは大変おかしな話だ。	直訳は「肝臓を取りたがる」。
Сурагчид залуу багшийг элэг бариад шуугилдаад байв. 生徒たちは若い先生を見くびって騒いでいた。	直訳は「肝臓を掴む」。
Элэг буруу хүнд итгэж яваад ийм юм боллоо. 心のない人を信じていたから、このようなことになってしまった。	直訳は「肝臓が異なっている」。
Дайнд элэг бүтэн үлдсэн айл ч гэж ховор шүү дээ. 戦争で家族全員が健在に残ったというのも珍しいね。	直訳は「肝臓が完全」。

ЭЛЭГ ДООГ БОЛОХ	批判、非難の対象になる、嘲笑される
ЭЛЭГ ДЭВТЭХ	苦しみを和らげる、心を癒す、苦悩を失くす
ЭЛЭГ ЗҮРХ ЭМТРЭХ	ЭЛЭГ ЭМТРЭХ を見よ
ЭЛЭГ НИМГЭН	優しい、心根の優しい、温厚な
ЭЛЭГ ХАТААХ	苦しめる、心配させる、悲しませる
ЭЛЭГ ХӨШИХ	大笑いする、大変笑う、哄笑する
ЭЛЭГ ХӨШӨӨХ	笑わせる、大笑いさせる、面白くさせる
ЭЛЭГ ЭМТЛЭХ	心を傷つける、苦しませる、悩ませる
ЭЛЭГ ЭМТРЭХ	大変同情する、憐れむ、思いやる、遺憾に思う
ЭМЭЭЛ ДЭЭР АМИА ХАЙЛАХ	遊牧で一生暮らす、牧畜で生活する、馬上で生涯を暮らす

Хүний элэг доог болохгүйн тулд юухан ч байсан хийж сур.
人に嘲笑されないように、どんなことでもできるようになりなさい。

Зовлон үзсэн эх нь үлдсэн хэдэн хүүхдээрээ элгээ дэвтээж байдаг юм.
苦しみを味わった母は、残った何人かの子供たちに心が癒されている。

直訳は「肝臓が軟らかくなる」。

Холын газраас элэг нимгэн ижийгээ өдөр болгон бодох юм.
遠く離れた所から、いつも優しい母のことを思う。

直訳は「肝臓が薄い」。

Эцэг эхийнхээ элгийг хатаахгүй эсэн мэнд явбал хамгийн чухал.
父母を悲しませず、健康でいることが一番大切なことだ。

直訳は「肝臓を乾かす」。

Би сая хошин шог үзээд элэг хөшчихлөө.
私は先頃、喜劇を見て大笑いした。

直訳は「肝臓を持ち上げる」。

Манай Цэнд хөгжилтэй залуу, заримдаа элэг хөшөөчих юм.
私たちの所のツェンデは明るい青年だ、時々大笑いさせるよ。

Би муу юм хийж ээжийнхээ элгийг эмтлэхгүй юмсан гэж боддог доо.
私は悪い事をして母を苦しませるようなことをすまいと考えているよ。

直訳は「肝臓をこわす」。

Байгалийн гамшиг болсон газар очиход элэг эмтэрмээр байсан.
自然災害があったところへ行って、とても可哀そうに思った。

Өвгөн аав минь мал гэсээр яваад эмээл дээр амиа хайлах шахсан хүн.
年老いた父は家畜の世話をして生涯を遊牧で暮らした人だ。

直訳は「鞍の上で死ぬ」。

— 289 —

ЭМЭЭЛИЙН ХОЁР БҮҮРЭГ ШИГ / МЭТ /	①そっくり、瓜二つ、類似の、良く似たもの ②そりが合わない、気が合わない、縁がない
ЭНГЭР ГАЗАР ОЙРТОЖ, ЭСГИЙ ГЭР ХОЛДОХ	老いる、老ける、死が近づく、死が間近になる
ЭНГЭР ЦООЛОХ	勲章を受章する、叙勲する、褒賞を受ける、表彰される
ЭНГЭРЭЭ МЯЛААХ	ЭНГЭР ЦООЛОХを見よ
ЭР БАР	傲慢な、高圧的な、高慢な、不遜な
ЭР ЭМЭЭ ҮЗЭЭЛЦЭХ	闘う、雌雄を決する、勝負をつける、喧嘩をする
ЭРВИЙХ ДЭРВИЙХЭЭР	一生懸命に、できる限り、精一杯に
ЭРГҮҮ ХУРГА ШИГ / МЭТ /	不器用な、のろまな、愚かな、決断ができない
ЭРЛЭГ РҮҮ ЯВУУЛАХ	殺す、殺害する、命を取る、死なせる

① Тэр хоёр ч эмээлийн бүүрэг шиг ихэр хүү дээ.
あの二人は瓜二つの双子の子だ。

② Тэр хоёр их сайн найз байснаа яльгүй юмнаас болоод эмээлийн хоёр бүүрэг шиг болчихсон юм.
あの二人は親友同士だったが、ささいなことで喧嘩してからそりが合わなくなってしまった。

直訳は「鞍の両側のよう」。

Энгэр газар ойртож, эсгий гэр минь холдож байна гэж эмээ минь хааяа хэлдэг болжээ.
死が近くなったよと、私の祖母はときどき言うようになった。

直訳は「岩山が近づいてフェルトの家が遠ざかる」。

Олон жил мал дагасан өвөө минь энэ цагаан сараар энгэр цоолж, үр хүүхэд нь баяр хөөр болов.
長年、牧畜をやってきた私の祖父が今年の正月に叙勲して、子供たちは大喜びした。

直訳は「襟に穴を開ける」。勲章を胸に付けることからの表現。

Тэр ядарсан хүнд эр бар байдаг хүн биш.
彼は弱いものに高慢な態度を取る人ではない。

直訳は「雄の虎」。

Тэр хоёр хэдэн малаасаа болж эр эмээ үзэлцэх шахжээ.
あの二人は数頭の家畜の問題で大変な喧嘩になりそうだった。

直訳は「雄雌を見せ合う」。

Мод суулгах субботникт манай сургуулийн хамт олон эрвийх дэрвийхээрээ оролцсон.
植林の勤労奉仕に、私たちの学校の皆が一生懸命参加した。

Өдөржин эргүү хурга шиг эрсэн юмаа олж санаа амарлаа.
一日中、愚かしく探し物をしていたが、見つけてほっとした。

Эндэж осолдоод, тэр хүнийг эрлэг рүү явуулаагүй нь л яамай.
不運な事故を起こしたが、その人を死なせなかったことはまあ良かった。

直訳は「閻魔の所に行かせる」。

ЭРЛЭГИЙНД ОЧИХ	死ぬ、亡くなる、あの世に行く
ЭРҮҮ ӨВДӨГ НИЙЛЭХ	歳を取る、老いる、老ける、年寄りになる
ЭРҮҮ ӨВДӨГТӨӨ ТУЛАХ	ЭРҮҮ ӨВДӨГ НИЙЛЭХを見よ
ЭРҮҮ ТОЛГОЙ ЗОДОЛДУУЛАХ	ものを噛み砕く、食べる、噛む
ЭРҮҮ ЧИЛЭХ	見境なく話す、べらべらしゃべる、しゃべり続ける
ЭРҮҮНИЙ ШӨЛ УУХ	叱られる、怒られる、厳しく注意される
ЭРХИЙН ЧИНЭЭ	ХУРУУН ЧИНЭЭを見よ
ЭРЭГ ШУРАГ НЬ ХӨДЛӨХ	気がおかしくなる、気が狂う、普通ではなくなる
ЭРЭЭ ЦЭЭРГҮЙ	隠さず、隠し事のない、あからさまに、恥知らずに
ЭРЭЭ ЦЭЭРЭЭ АЛДАХ	恥を知らない、厚かましい、恥を忘れる、破廉恥なことをする
ЭРЭЭН БАРААН	善悪さまざまなこと、多様な、色々な

Тэр хүн мориноос унаж, бэртээд эрлэгийнд очих
шахсан боловч ашгүй амь мэнд үлдлээ.
彼は落馬して怪我をし、死にそうになったが幸い生き残った。

Эрүү өвдөг нийлсэн биш, өглөө босоод гарч | 直訳は「顎と膝が
гүйнэ шүү дээ. | 合わさる」。
老けてはいないよ、朝起きてジョギングするぞ。

Би их өлсөж байна. Эрүү толгой зодолдуулах юм
байна уу?
私は腹がすいている。何か食べるものはありますか？

Удаан уулзаагүй бид хоёр оройжин эрүүгээ | 直訳は「顎が疲れ
чилтэл яриллаа. | る」。
ひさびさに会った私たち二人は、一晩中おしゃべりをした。

Түлхүүрээ гээчихэж, одоо эрүүний шөл уунаа. | 直訳は「顎骨のス
鍵を失くしてしまったよ、きっと怒られるだろうな。 | ープを飲む」。

Энэ хүн яасан сонин юм яриад байнаа, эрэг | 直訳は「ねじが動
шураг нь хөдөлчихсөн юм шиг. | く」。
この人はとても変なことを話している、気が狂ってしまった
ようだ。

Тэр хүн өөрийнхөө амьдралын тухай эрээ
цээргүй ярьдаг юм.
彼は自分の生活について包み隠さず話す。

Хүний дэргэд эрээ цээрээ алдсан юм ярих
хэрэггүй.
人前では破廉恥なことを話さないほうが良い。

Дамба гуай дал наслахдаа ертөнцийн эрээн
бараан амьдралыг биеэрээ туулжээ.
ダンバさんは70歳まで世の中のさまざまなことを体験して
きた。

ЭС БӨГӨӨС	あるいは、そうでなければ、もしくは
ЭСГИЙ ТУУРГАТАН	遊牧民、牧畜民
ЭСЭН БУСЫН ЮМ	さまざまなこと、色々な、必要のないさまざまなこと
ЭХ АДАГГҮЙ	目茶苦茶、整理がつかない、訳が分からない、秩序がない
ЭХ АДГАА АЛДАХ	整理がつかない、混乱する、目茶苦茶になる、無秩序になる
ЭХ БАРИХ	出産を手伝う、産婆をする、分娩を助ける
ЭХ ЗАХАА АЛДАХ	混乱する、目茶苦茶になる、上下、長幼の区別がなくなる
ЭХ ЗАХГҮЙ	きわめて大きい、広大、非常にたくさん
ЭХНЭР АВАХ	ГЭРГИЙ АВАХを見よ
ЭХНЭРТЭЭ АЗРАГАЛУУЛАХ	妻のいいなり、妻の尻に敷かれる、妻に頭が上がらない
ЭЦГИЙН ДЭЭЛТЭЙ ТӨРӨХ	後継ぎの運命で生まれる、後継ぎとして生まれる

Чи барилгын инженер болох уу эс бөгөөс геологийн инженер болох уу?
お前は建築技師になるか、あるいは鉱山技師になるか？

Эсгий туургатны соёл зан заншил сонирхолтой.　　　直訳は「フェルト
遊牧民の文化は興味深い。　　　　　　　　　　　　　の民族」。

Тэр дандаа эсэн бусын юм ярьж явдаг.
あの人はいつも必要ないことをあれこれ話している。

Хүнийг эх адаггүй аашлах хэрэггүй.　　　　　　　　直訳は「始まりと
他人を目茶苦茶に罵らないほうがいい。　　　　　　終わりがない」。

Тэр байгууллагын ажил эх адгаа алджээ.
あの組織の仕事は混乱して整理がつかなくなった。

Түүний хүүхдийг сайн эмч эх барьж авсан юм.
彼女の子供をいい医者が出産させた。

Зарим залуучууд ахмад хүмүүсээс тамхи асаахаар гал гуйх юм. Ёстой эх захаа алджээ.
ある若者たちは長老からタバコの火を貰っている。まったく礼儀がなくなった。

Эх захгүй олон бичиг цаасан дотроос хэрэгтэй номоо арай гэж оллоо.
きわめてたくさんの書類の中から必要な本をやっと見つけ出した。

Тэр дааруухан хүн болохоор эхнэртээ азрагалуулчих юмаа.
彼はとてもおとなしい人だから、妻のいいなりになっているよ。

Энэ хүү эцгийн дээлтэй төрсөн хүү ажээ.　　　　　直訳は「父の着物
この子は父の後を継ぐ運命に生まれたんだな。　　　を着て生まれる」。

ЭЭЖИЙНХЭЭ ХӨХНӨӨС ГАРААГҮЙ	子供、青二才、大人にならない、くちばしが黄色い
ЭЭЗГИЙ БУЦАЛГАХ	大きなイビキをかく、大イビキをかいて寝る

Ю

ЮМ ҮЗЭХ	世の中を知り尽くす、世間を知る、いろいろなことを体験する
ЮМ ЧИМХЭХ	泥棒する、こそ泥する、小さいものを盗む
ЮМ ШОГЛОХ	こそ泥する、小さいものを盗む、こそこそ泥棒をする
ЮМАН ЧИНЭЭ БОДОХГҮЙ	大したことに思わない、関心を持たない、無視する
ЮУ Ч ОЛЖ ДОЛООХГҮЙ	結果がない、成功しない、何もできない
ЮУ ЮУГҮЙ	すぐに、即刻、すぐさま、ほんの今しがた

Я

ЯАГАА Ч ҮГҮЙ	まだまだ、まだ～でない、まだなっていない

Ээжийнхээ хөхнөөс гараагүй шахам байж, биеэ дааж амьдрах санаатай гэнэ.
まだまだ若いが、自立して生活するつもりだそうだ。

Чи ч дэрэн дээр толгой тавингуут л ээзгий буцалгачихдаг хүн юмаа.　　直訳は「エーズギーを沸騰させる」。
君は枕に頭を乗せた途端に大きなイビキをかく人だね。

Юм үзсэн хүн арай л өөр юм даа. Хэнтэй ч уулзсан хэдэн үг чөлөөтэй ярьчихна.　　直訳は「ものを見る」。
経験豊かな人はちょっと違うね、誰にあっても自由に話をすることができる。

Түүнийг багад нь юм чимхдэг хэдэн муу хүн уруу татаж орхижээ.　　直訳は「物をつまむ」。
彼は分別のつかない幼い時に、こそ泥する悪党グループに引き込まれてしまった。

Энд тэгж юм шоглодог хүн байхгүй байлгүй дээ.
ここにはそんなこそ泥をするような人はいるはずないよ。

Тэр асуудлыг бид нар юман чинээ бодсонгүй.
その問題を私たちは大したことには思わなかった。

Тэр хүн тийм юм ярьж яваад юу ч олж долоохгүй.
彼はそのようなことを話しても、何もできない。

Намайг өрөөнд нь ортол тэр юу юугүй гараад явчихлаа.
私が部屋に入ると、彼はすぐに出て行った。

Үүр цайх яагаа ч үгүй байна.
まだ夜明けになっていない。

ЯАРВАЛ ДААРНА	急がば回れ、急ぐと損する、急ぐな
ЯАХЫН АРГАГҮЙ	ҮЙЛИЙН ҮРГҮЙを見よ
ЯВГАН ХЭРҮҮЛ	些細な喧嘩、小さないさかい、ちょっとした争い
ЯГ ТАГ БОЛОХ	物事を以前よりはっきりさせる、明確にする、きちんとする
ЯДСАН НОХОЙД ХАТСАН БААС	負担が重い、能力を超えた仕事、大きな負担
ЯЛААГ ЗААН БОЛГОХ	大げさに言ったり、したりする、大風呂敷を広げる、誇大に言う
ЯМАА ШИГ / МЭТ /	自制できない、じっとしていられない、落ち着かない
ЯМААГААР ҮХЭР	儲ける、得をする、大儲けする
ЯМААН ОМОГ	短気な、急に怒り出す

Чи хүлээж бай, яарвал даарна гэдэг шүү.
お前ちょっと待て、急がば回れというだろう。

直訳は「急げば凍える」。

Өвгөн хөгшин хоёр хааяа явган хэрүүл хийдэг ч эвтэй найртай амьдарна.
お爺さんとお婆さんの二人は、時々ちょっとした喧嘩をするが仲良く暮らしている。

直訳は「徒歩の喧嘩」。

Сургуулийн клубт хурлын байр засах талаар бид яг таг болсон.
学校のクラブ室の修繕に関して、私たちは前より具体的に取りまとめた。

Ядсан нохойд хатсан баас гэгчээр энэ ажлыг чинь би дийлэхгүй юм.
能力の限界を越えていて、この仕事は私にはし切れない。

Тэр ёстой л ялааг заан болгох хүн байна.
あの人は、まったく大げさな人だ。

直訳は「ハエを象にする」。

Зүгээр суу миний хүү, яагаад ямаа шиг байж ядаад байгаа юм бэ дээ.
息子よ、まあ座りなさい、どうしてじっとしていられないのかね。

直訳は「ヤギのよう」。

Авч ирсэн жаахан юмаа зараад эхнэртээ алтан ээмэг авчихлаа, ямаагаар үхэр гэгч боллоо.
持ってきたちょっとしたものを売って妻に金のピアスを買った、本当に大儲けできたよ。

直訳は「ヤギで牛」。ヤギの価値は牛の6、7分の1とされていることから生じた表現。

Тэр тийм ямаан омогтой хүн гэж үү?
彼はそんなに短気な人なんだって?

直訳は「ヤギの怒り」。

ЯМААНЫ МАХ ХАЛУУН ДЭЭР	鉄は熱いうちに、物事は遅れないようにやれ、時機を逃すな
ЯН ТАН БОЛОХ	ЖИН ТАН БОЛОХ を見よ
ЯРГУЙ ХӨӨСӨН ЯМАА ШИГ	なにか美味なもの、素晴らしいものを追い求める、欲しいものを求める
ЯС АМРАХ	休む、休憩する、骨休みする
ЯС БАРИХ	死者を埋葬する、野辺送りする
ЯС ГОРЬДСОН НОХОЙ ШИГ / МЭТ /	空望みして待つ、当てにする、期待する
ЯС ЗААХ	頑固にする、妥協しない、物事を曲げない
ЯС МАХАНД НЬ ШИНГЭХ	СЭТГЭЛД ШИНГЭХ を見よ
ЯС МАХНЫ ТАСАРХАЙ	親類縁者、兄弟、親戚、出自が同じ
ЯС ХАВТАЛЗАХ	大変悩む、苦しむ、恐れる、おどおどする

Ямааны мах халуун дээрээ, энэ асуудлыг одоохон шийдье.
早いほうがよい、この問題を今すぐ解決しよう。

直訳は「ヤギ肉は熱いうちがいい」。冷えたヤギ肉は下痢をするとされ、熱いうちに食べろとされている。

Яргуй хөөсөн ямаа шиг дуртай юмаа хийсээр яваад нэг мэдэхэд олондоо нэртэй хүн болчихож дээ Баатар минь.
バートルは欲しいものを追い求めて好きなことをやりつつ、気が付くと有名になってしまっていたよ。

Өчигдөр л арай хийж ажлаа дуусаад яс амарч байна.
やっと昨日仕事を終えて休んでいる。

直訳は「骨が休む」。

Би өөрөө эцгийнхээ ясыг барьсан.
私は自分の父親を野辺送りした。

直訳は「骨を握る」。

Энд ингэж яс горьдсон нохой шиг байгаад байх хэрэггүй байхаа бушуухан харья.
ここにこうして当てにして待っていても仕方ないだろう、急いで帰ろう。

直訳は「骨を当てにする犬のよう」。

Дархан хүн аргагүй л яс зааж сайн эд хийж дээ.
職人はさすがに妥協しないで良いものを作ったね。

Тэр хүү аргагүй л миний яс махны тасархай юм шүү дээ.
その子は間違いなく、私の親類だよ。

Би гэрийнхээ даалгаврыг хийгээгүй байсан болохоороо багш асуучих бий гэж яс хавталзаж суулаа.
私は宿題をしていなかったので、先生が質問しないかと恐れておどおどして座っていた。

直訳は「骨が平らになる」。

ЯС ХААХ	不和の種をまく、人を仲違いさせる、仲間割れをさせる
ЯС ЯЙРАХ ШИГ / МЭТ /	大変痛む、苦しむ、心配する、悩む
ЯСАН ХЭДРЭГ	大変痩せる、痩せこけた、脂肪が落ちた
ЯСЫ НЬ ЦАЙЛГАХ	苦しめる、困難な仕事をさせる、苦労させる

Тэр хүмүүсийн хооронд яс хаяхгүй.
彼は人々の間に不和の種をまくことはしない。

直訳は「骨を投げ捨てる」。

Би тэр яриаг сонсоод яс яйрах шиг болсон.
私はその話を聞いて大変胸が痛んだ。

直訳は「骨が砕けるよう」。

Энэ зун бороо хур муутай, өвс ногоо шимгүй болоод тэр үү энэ хэдэн морь минь ясан хэдрэг болох нь ээ.
今夏は雨が降らず、まったく草に養分がないので、うちの馬はみんな痩せてしまいそうだ。

Яасан хатуу сэтгэлтэй хүн бэ, хөөрхий хүний үрийг ингэж ясы нь цайлгаж байх гэж.
何と厳しい人だろう、哀れな子供をこうして苦しめるなんて。

直訳は「骨を白くする」。

> 著者紹介

鯉渕信一（こいぶち しんいち）
　1945年茨城県生まれ、亜細亜大学卒業。在モンゴル国大使館派遣員、モンゴル国立大学交換教授、亜細亜大学アジア研究所教授、同上国際関係学部教授、同上学長などを経て現在、亜細亜大学名誉教授。
　司馬遼太郎記念財団監事、日本モンゴル学会監事、日本モンゴル協会理事、国際交流サービス協会理事。
　主著に『騎馬民族の心』（NHK出版、1992年）、『モンゴルの社会と文化』（青々会出版、1983年）、『モンゴルという国』（共著、読売新聞社、1992年）、『アジア人のみた霊魂の行方』（共著、大東出版社、1995年）、訳著にナツァグドルジ著『賢妃マンドハイ』（読売新聞社、1989年）、ツェベクマ著『星の草原に帰らん』（NHK出版、1999年）、その他。

Дамбадаржаа НАРАНЦЭЦЭГ（ダンバダルジャー・ナランツェツェグ）
　1952年モンゴル国ドルノゴビ県（東ゴビ）生まれ、モンゴル国立大学文学部卒業。東京外国語大学研究留学、モンゴル国立大学日本語専任講師（1977年～1991年）などを経て、1991年よりJICA青年海外訓練所モンゴル語講師、現在に至る。
　主著に；『日本モンゴル語基礎辞典』（大学書林、1998年）、『蒙日会話集』（共著、モンゴル国立大学、1990年）、『モンゴル人のための日本語教科書』（共著、モンゴル国立大学、1998年）、訳著に；開高健著『裸の王さま・パニック』モンゴル語版、モンゴル日本文化文学センター、1999年）、映画字幕翻訳に；椎名誠監督作品『海・空・サンゴの言い伝え』（モンゴル語版、1994年）、同上監督作品『白い馬』（モンゴル語版、1995年）、その他。

目録進呈　落丁本・乱丁本はお取替えいたします。

平成 24 年 10 月 30 日　　Ⓒ第 1 版発行

| モンゴル語慣用句用例集 | 著　者　鯉　渕　信　一
　　　　D.ナランツェツェグ
発行者　佐　藤　政　人
発　行　所
株式会社　**大 学 書 林**
東京都文京区小石川 4 丁目 7 番 4 号
振替口座　00120-8-43740番
電話　(03)3812-6281〜3番
郵便番号　112-0002 |

ISBN978-4-475-01892-0　　　　　　　豊国印刷・牧製本

大学書林 語学参考書

著者	書名	判型	頁数
小沢重男 編著	現代モンゴル語辞典（改訂増補版）	A5判	976頁
小沢重男 著	モンゴル語四週間	B6判	336頁
小沢重男 編	モンゴル語基礎1500語	新書判	128頁
小沢重男 編	モンゴル語会話練習帳（改訂版）	新書判	188頁
小沢重男 著	モンゴル語の話	B6判	160頁
小沢重男 著	蒙古語文語文法講義	A5判	336頁
小沢重男 訳注	道	新書判	176頁
小沢重男 訳注	モンゴル民話集	新書判	124頁
塩谷茂樹 E.プレブジャブ 著	初級モンゴル語	B6判	240頁
塩谷茂樹 Ya.バダムハンド 著	初級モンゴル語練習問題集	B6判	296頁
塩谷茂樹 E.プレブジャブ 著	モンゴル語ことわざ用法辞典	B6判	368頁
D.ナランツェツェグ 著	日本語・モンゴル語基礎語辞典	新書判	344頁
田中セツ子 著	現代モンゴル語口語辞典	A5判	392頁
竹内和夫 著	トルコ語辞典（改訂増補版）	A5判	832頁
竹内和夫 著	日本語トルコ語辞典	A5判	864頁
勝田茂 著	トルコ語文法読本	A5判	312頁
水野美奈子 アイデンヤマンラール 著	全訳中級トルコ語読本	A5判	188頁
竹内和夫 編	トルコ語基礎1500語	新書判	152頁
松谷浩尚 編	トルコ語分類単語集	新書判	384頁
水野美奈子 編	トルコ語会話練習帳	新書判	240頁
勝田茂 アイシェシンエムレ 著	トルコ語を話しましょう	B6判	144頁
林徹 アイデンヤマンラール 著	トルコ語会話の知識	A5判	304頁

― 目録進呈 ―